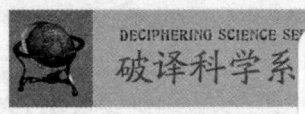

王志艳◎主编

华夏五千年
历史解密

科学是永无止境的
它是个永恒之谜
科学的真理源自不懈的探索与追求
只有努力找出真相，才能还原科学本身

延边大学出版社

图书在版编目（CIP）数据

　　华夏五千年历史解密 / 王志艳主编．—延吉：延边大学出版社，2012.7（2021.6 重印）
　　（破译科学系列）
　　ISBN 978-7-5634-3863-1

　　Ⅰ．①华… Ⅱ．①王… Ⅲ．①中国历史－通俗读物 Ⅳ．①K209

中国版本图书馆 CIP 数据核字（2012）第 160741 号

华夏五千年历史解密

编　　著：	王志艳
责任编辑：	李东哲
封面设计：	映像视觉
出版发行：	延边大学出版社
社　　址：	吉林省延吉市公园路 977 号 邮编：133002
电　　话：	0433-2732435 传真：0433-2732434
网　　址：	http://www.ydcbs.com
印　　刷：	永清县晔盛亚胶印有限公司
开　　本：	16K 165×230 毫米
印　　张：	12 印张
字　　数：	200 千字
版　　次：	2012 年 7 月第 1 版
印　　次：	2021 年 6 月第 3 次印刷
书　　号：	ISBN 978-7-5634-3863-1
定　　价：	38.00 元

版权所有　侵权必究　印装有误　随时调换

华夏五千年历史解密

前言 Foreword

中华历史五千年的风云变幻、朝代更迭,其间有剪不断的血脉相连。从传说中的女娲补天,到秦始皇统一中国,再到民主制取代封建帝制,中华民族历经磨难、生生不息发展到今天。然而我们在试图还原那些源远流长的文明时,却遭遇到各种各样的困难。

险象环生的奇闻逸事遍布于苍茫时光的各个角落。历史、文化、科技、生物等诸多领域均存在着大量不为人知的疑团:中华民族是如何起源的,炎帝与神农氏是否同一人,妲己是怎样被世人妖化的,包公真的断案如神吗,刘备何以"借荆州",青海白公山真的有"外星人遗址"吗?……

尽管有卷帙浩繁的史料典籍可供查证、追溯,但那些文字记载仍不足以还原真正的历史全貌。在时间的纵深之中,这些悬而未决的谜题受到世界人们的关注。这些谜题中,有些已随科技发展和考古学上的发现而得到了相对合理的破译和解释,有些却至今令人困惑。对这些谜题的究根寻底,使人们更立体地感受到了中华文明的伟大和神奇。可以说,对东方古老文明的发掘、探究、破解、诠释,不仅能够传承中华文明、获取知识,还能够最大限度地拓展人们的想象空间,带给人们一窥真相的快感。

本书正是基于以上缘故而编写。书中精心遴选的未解之谜,所选事件涉及考古发现、历史悬案、历史名人、古代科技、文化民俗等众多领域,它们或是中国广袤大地上发生的震惊世界的神秘现象,或是淹没在历史长河中关系到文化进程的关键细节,再或者是历代传承的奇妙风俗……书中用娓娓道来的叙述语言和逻辑严密的分析方式,在充满趣味的探索中将您引入这个古老而传奇的国度,使青少年读者在阅读本书后,真正学到知识,并在本书的陪伴下快乐、健康地成长!

本书在编写过程中,参考了大量相关著述,在此谨致诚挚谢意。此外,由于时间仓促加之水平有限,书中存在纰漏和不成熟之处自是难免,恳请各界人士予以批评指正,以利再版时修正。

目录 CONTENTS

中华民族起源的传说之谜　//1

龙的传说是怎么来的　//5

华夏名称是怎么来的　//7

寓兵于农始于西周吗　//10

黄帝大战蚩尤之谜　//13

炎帝与神农氏是否同一人　//19

周公排行是老几　//21

伍子胥有没有掘墓鞭尸　//24

田横的五百壮士结局之谜　//26

周公是否篡位　//28

周穆王是否周游过西域　//30

伯夷、叔齐饿死之谜　//32

项羽为何不肯过江东　//34

曹操是宦官之后吗　//36

关羽有没有后代　//39

关羽是因大意而失荆州的吗　//43

南北朝时期人口有多少　//47

三国竹简为何埋于古井之中　//51

赤壁大战之谜　//53

大清国号源起之谜　//63

华夏五千年历史解密
HUAXIAWUQIANNIAN
LISHIJIEMI

嘉庆继位之谜 //66

戊戌政变起因之谜 //70

曹雪芹家族败落之谜 //73

包公墓究竟在何处 //77

年羹尧为何被雍正赐死 //79

宋代徽、钦二宗结局之谜 //80

石敬瑭甘当儿皇帝之谜 //83

雍正"舍头下葬"之谜 //87

匈奴的来历和名称变换之谜 //91

唐太宗真喜欢魏征吗 //95

中国四大美女之谜 //97

龟兹古城为何被抛弃 //101

华夏第一都到底在哪里 //104

郑成功是怎么死的 //106

淝水之战的双方兵力到底有多悬殊 //108

明朝建文帝下落之谜 //111

历史上真有晁盖其人吗 //116

唐玄宗为何迷恋杨玉环 //118

"杯酒释兵权"真相之谜 //121

忽必烈生父拖雷暴死之谜 //123

目录 CONTENTS

李自成为何要杀谋士李岩　//125

曹操华容道脱身之谜　//126

曾国藩不称帝之谜　//128

究竟是谁领导了武昌起义　//130

毛笔是不是蒙恬发明的　//132

酒在中国出现于何时　//134

《十面埋伏》的作者是谁　//136

墨竹画始于吴道子吗　//138

《西厢记》故事发生在哪里　//141

元曲四大家究竟是哪四人　//144

古琴是何时产生的　//146

《史记·屈原列传》是伪作吗　//149

《西京杂记》的作者是谁　//152

《颜氏家训》成书于何时　//154

《水经注》究竟记载了多少条水　//157

沈阳故宫何时兴建之谜　//160

舞蹈的前身是武术吗　//163

"二黄"究竟是什么意思　//165

清明扫墓渊源何在　//167

新娘为何被抱上花轿　//169

华夏五千年历史解密
HUAXIAWUQIANNIAN
LISHIJIEMI

《黄帝内经》成书于何时　//171

清末"垂帘听政"之谜　//173

慈禧太后日常膳食之谜　//176

明代妃嫔殉葬之谜　//179

轮船是由谁发明的　//182

中华民族起源的传说之谜

从今日流传和所能读到的中国古代文献来看，炎、黄二帝是中华民族地位最高的始祖，华夏民族几乎把自己所有古代创造的文明，都归功于这两位始祖的名下。他们在历史上，不仅被敬为人王，同时也被尊为天神。那么，在他们身上，还萦绕着哪些神奇的传说和谜团呢？

一、为什么叫"黄"帝

古人崇尚黄色，因为它是来自太阳的颜色。在上古文献中，"黄"通"光"。黄帝即光帝——一个可以在天上飞行如太阳般光亮的"黄鸟"。这个"黄鸟"一定有神奇超凡的神力，拥有当时古人羡慕不已的高超本领，才会得到他们的认可和崇拜。中国最古老的字典《尔雅》中解释："皇，黄鸟。"

这只"黄鸟"一定与黄帝有密切联系，不是黄帝本身，就是黄帝的坐骑。

据《史记·封禅书》载："中国华山、首山、太室、泰山、东莱，此五山黄帝之所常游与神会。"这五座山分别在几个省内，每座山之间相距至少在千里以上，黄帝如果是史前时期的普通凡人，怎么可以在交通不便，甚至连路都没有的情况下，徒步涉水越岭，畅游如此高山，而且还要与神相会？黄帝之所以能够随意潇洒地在这些山上飞来游去，与诸神幽会，正是得益于他的坐骑——"黄鸟"。但这鸟有时又被视为龙，其实都是UFO的拟物化。

书中又载："黄帝采首山铜，铸鼎于荆山下，鼎既成，有龙垂胡须下迎黄帝。黄帝上骑，群臣后宫从上者七十余人。"当年的黄帝，时而乘"黄鸟"，时而骑神龙，所以才能在那样高的大山上随意上下，在地球上任意折腾，究其动机，意在采掘地球上的金属。文中所记，黄帝不辞辛苦光临首

1

山，意在铜鼎矣。此文献中没有记载下迎黄帝之龙有多大，想必与"黄鸟"差不多大，不算上面已经乘坐的人，仅随黄帝"从上者"就有70余人。看来，这只UFO至少相当于今天的一架中型客机。

不仅黄帝是太阳神，炎帝同样也是太阳神。炎即火，且为大火、烈火、炎帝亦火帝，不是燃烧的火，而是太阳光焰之火。

文献中对炎帝形象的描述，也会引起我们的兴趣。《山海经·西山经》中载：有一个神形态像一只黄色的口袋，其放射出的光焰如炼丹炉中的火，模模糊糊难以看清它的真面目。它还会歌舞——轻声的轰鸣和摇摇摆摆，在空中呈飘浮状。由于它时而滞留，时而高速行进、爬升，故反推它可能有"六足四翼"，所以才会有如此惊人的飞行速度。此神是谁呢？"实唯帝江也"。古代神话中的天帝一族中，只有炎帝姓姜，因为"其母居于姜水，故而姜姓"。句中"江"当是"姜"的假借，因此，此神当"实唯帝姜也"。即炎帝也！不难明白，炎帝形象原来是赤黄相间的一团光焰，神出鬼没地来往于空中——这正是今人通常目击的UFO的典型形象。

炎帝的形象，几千年来，一直有人目击。最典型并有形象记载的发生在100年前的一次公众目击。

清朝著名画家吴友如就在南京与众人同时目击过"炎帝"的形象。他在目击之后，作了一幅画。定名《赤焰腾空图》，图上描绘了南京朱雀桥上众人仰观空中一只光芒四射的卵形"赤焰"，并有交头接耳议论纷纷的情景。画上还附有吴友如亲笔写下的详细说明："9月28日晚间8点钟时，金陵城南隅，忽见火球一团，自西而东，形如巨卵，色红而无光，飘荡半空，其行甚缓。立朱雀桥上翘首举足者不下数百人。约一刻钟后，渐远渐灭有谓流星过境者，然星之驰也，瞬息即杳，此球自近而远，自有而无，甚属濡滞，则非星驰可知。有谓儿童放天灯者，是夜风向北吹，此球转向东去，则非天灯又可知。众口纷纷，穷于推测，是物初起时，微觉有声，非静听之不闻也，系由南门外腾越而来者，嘻异矣。"

吴氏在此说明中，非常具体地描绘了这个"赤焰"，并作了分析，指出它不是流星，也不是小孩子放的天灯，它是什么呢？它就是"炎帝UFO"矣。

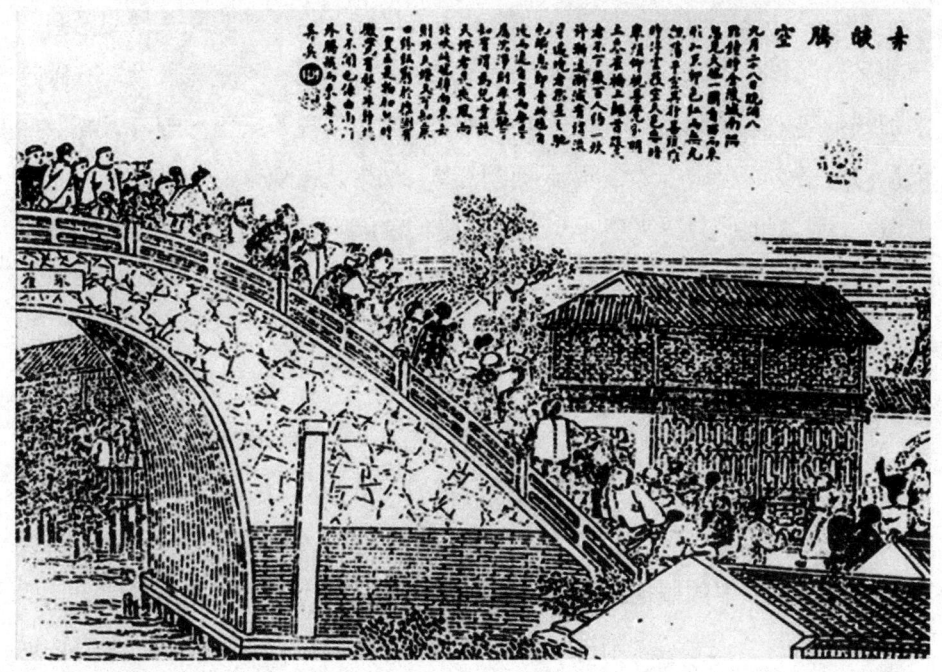

△ 《赤焰腾空图》

不难看出，炎、黄二帝无论在传说中，还是在学者的笔下。都明白无误地被视为太阳神。说他们是太阳神，至少包含了两层意思：一是说他们总与一个发光发火、来自空中的类似太阳的物体有关，且是这一物体的主宰；二是说他们不是地球上的自然生物，而来自地球以外。且具有凡人不及的神力。

二、他们真的是来自太阳的神吗

这个问题现在的初中生就能回答，太阳是个表面温度高达5000多摄氏度的火球，别说在上面居住，就是从离它几千里的地方经过，也会瞬间化为宇宙尘埃。因此，炎、黄二帝不可能主宰太阳，把太阳当做自己的宫殿。更不可能驾驶太阳光临地球。既然如此，为什么古文献和神话传说中，固执地要把他们与太阳联系起来呢？而且明确肯定他们就是太阳神，而不是别的什么神。很显然，当时的地球先民们误将他们的飞行器——喷着火焰、发着强光的飞碟，当成了"小太阳"，他们既能够主宰这个"小太阳"，且能从空中飞来飞去，说明他们有神力，地球人对此只有望神兴叹，顶礼膜拜了。

太阳与月亮是地球上肉眼所及的最大的星球,与地球的联系最为紧密,飞碟又与之非常相似,且往往从天而降。古人们不用想象就能直接把飞碟与太阳联系起来。他们会把所有从空中降落的物体都视为来自太阳与月亮。如果是白天来的,会被视为太阳派来的使者;如果是夜晚来的,当然是月亮的差遣——因为他们总得来自一个穴居果腹的家园呀!因此,当炎、黄二帝率领同人驾着与太阳相似的飞碟,就在灿烂的阳光下着陆地球,或做低空飞行时,先民们将其视为太阳神,乃顺理成章自然而然之事。

三、锡兰特人的传说中也有"太阳神"

在四川出土汉代砖画《黄帝巡天图》上,黄帝被描绘成人形,端坐在车上,一侍者在前驾车,前面有三只似龙似马的劳动力拉着车拼命奔跑。周围几颗闪烁的星星告诉我们,这是在天空中。这幅图正是对诸多文献,传说《黄帝巡天》故事的概括。无独有偶,锡兰特民族也有与上述传说惊人相似的故事,他们也认为"太阳神"乘坐在一辆由天马拉着的车上,在天空往返巡视。这一故事被记录在当地出土的一件可能铸于2500年前的青铜器上。这件文物的名字就叫"太阳神"。它由一匹马和一组轮架及轮架上的中心物组成。显然,马是劳动力,轮架是车即运输工具,只有置于轮架上的圆形物才是"太阳神",这是个什么太阳神呢?它是两个碟状物倒扣之形象,表面还有清晰的螺旋纹路——这是今人目击的最常见的碟形UFO,也即飞碟。其表面的螺纹是为说明它是螺旋飞行,或者是飞碟经过时,由于其螺旋飞行,给目击者造成视觉上的一种螺纹。人人皆知,太阳是一个"火球"。即球形发光天体,而这个太阳神是碟形且有螺纹。可以肯定,它不是太阳,而是太阳神UFO。

两图相映对比,令人震惊得瞠目结舌。可以肯定,3000年前的锡兰特民族与中国的华夏民族不会有任何文化上的交流,况且,这是深刻的神崇文化,不是某种生活实用的小技术,双方都不可能随意被同化和采纳。那么,这两个隔着千山万水的古代部族,何以有如此惊人相似的神崇文化呢?只能有一个回答:他们在3000年前甚至更早的时候,在不同的地方目击了同一个神奇的东西——UFO。

龙的传说是怎么来的

龙，这种神奇的灵物以其变化莫测的形象在中国大地上盘旋飞舞，在天空中喷云吐雨，在江湖中兴风作浪。历代帝王年年岁岁都要向着无限苍穹中龙的幻影顶礼膜拜，多种文学艺术都不断为它献上虔诚的祭品。可是，当代世界，谁曾见过一条龙？千古神州，谁又曾目睹过真正的龙？

龙，实在是中国文化最古老的谜之一。

关于龙的起源，从古至今不知有多少文人学者进行过考证。今天，人们最终得到了一种比较一致的结论：龙起源于原始氏族社会的图腾崇拜，它是许多种动物图腾的综合体。作为一种共同的观念和意识形态，龙代表着整个中华民族的"图腾"，它浓缩着、沉积着原始社会晚期到阶级社会初期人们强烈的感情、思想、信仰和期望，乃至最后成为中华民族的象征。

既然追溯到了原始社会晚期，问题的答案似乎有了眉目。那么，龙究竟是什么图腾，或从哪几种图腾中产生的呢？

有的考古学家认为，龙是一种对于爬行动物的原始宗教崇拜的延续和发展，最早的龙就是有角的蛇；另一些考古学家认为，除了龙身可能与蛇有关外，龙首形象的形成，最先可能同猪这种与人类日常生产和生活关系最密切、人们最熟悉的动物有关；也有人指出，龙的起源最早可以追溯到蜥蜴，新石器时代一些陶器上就有这种动物逼真的浮雕；还有人则认为，龙身来源于蛇，龙首则来自马首和牛首；有的民族学家说，最早的龙应该是鳄鱼而不是蛇，传说时代的"豢龙"，就是古代人工驯养的鳄鱼。

凡此种种，都有一些根据，但其中包含更多的无疑是推测。

近年来的考古发现，为探索龙的起源提供了一些材料，其中主要有：河南濮阳仰韶文化层中用蚌壳摆的龙；山西襄汾陶寺村龙山文化遗址出土的龙

5

△ 故宫九龙壁

纹陶盘；内蒙古翁牛特旗三星他拉村红山文化遗址出土的玉龙；河南偃师二里头商代以前的龙纹陶片；内蒙古昭乌达盟傲汉旗大甸子商文化出土的龙纹彩陶盆；河南安阳殷墟妇好墓出土的玉龙等。其中濮阳仰韶文化层中的蚌龙，距今已有6000年左右的历史了，即产生于原始社会之末、夏王朝诞生之前。由此可见，龙起源于原始社会已确凿无疑。而今天人们所熟知的龙的形象，大体在汉代就已经形成。在先秦时代，龙经历了无数次人为的装饰。根据考古发现，我们似乎更有理由确认龙的主体是蛇。在我国新石器时代晚期，以蛇为图腾的原始氏族遍布黄河中下游流域和大江南北。蛇是中国古代最普遍的一种动物图腾，在许多遗址的陶器上都有描绘和刻画。

我们还看到，中国历史上流传着许多美丽动人的神话传说，如处于原始社会晚期的盘古氏、女娲氏及三皇五帝等。至汉代，出现了大量画像石、画像砖和绢帛画上表现的伏羲女娲交尾图，被人认为是龙的起源的一种象征。实际上，至春秋时代，或至屈原在《楚辞·天问》中最先描述的女娲出现之前，龙的基本形象已经形成了。传说中的伏羲女娲可能继承了龙的某些特征，但并没有进一步丰富龙的形象。

迄今为止，关于龙的起源在学术界仍然有许多种不同意见，众说纷纭，既难统一，争论也不容易继续下去。因此，人们都寄希望于田野考古新发现。

 华夏名称是怎么来的

"华夏"是中华民族的称号。生活在中华大地上的56个民族,统称为"华夏民族"。中国人都以"华夏民族"、"华夏子孙"为荣。

究竟这个习以为常的名称是如何来的呢?作为一谜,古往今来有种种不同的解。

古人之解见诸于《左传》、《孟子》、《说文解字》等古籍中,是将"华"、"夏"作为中原,"夷"、"裔"作为四方,相对应而言的。如说:"裔不谋夏,夷不乱华","四夷交侵,中国微矣"等。

远古时代居住在中原地区的民族是汉族,因此可以说华夏族是汉族的前身。

但是,随着社会的发展、历史的变迁,华夏族就不是指单一的汉族了。

现代之解,主要有两种观点:

第一,"华夏"是民族的名称。

持这种观点的有两种说法。

一种说法认为:我国古代以夏为族名。"夏"这个名字则由"夏水"而得。通常所说:"华夏族定居在华山之周、夏水之旁,故而得名。"

另一种说法认为:华夏实际为历史上夏族的一个分支。古老的夏族曾生活在甘肃、河南、山西一带,后来因为自然环境的变迁,才断定向四处迁徙,并渐渐分为三部分:东迁中原的称为"东夏"("华夏"),西移甘肃的称为"西夏"("蛮夏"),原地不动的称为"大夏"。后来,大夏变为夏族的总称,也是夏族的美称。

第二,"华夏"是地域文化的概念。

持这种观点的也有两种说法:

△ 位于陕西省黄陵县城北桥山的轩辕黄帝陵

第一种说法是：以文化高低定名。文化高的周礼地区称为"夏"，文化高的民族为"华"。"华"、"夏"合起来，称为"中国"。反之，"中国"以外的四方文化低的地区和民族，就称为"东夷"、"南蛮"、"西戎"、"北狄"了。

秦汉时期，各民族的文化交流非常频繁，中国的范围也不断扩大，因此华夏文化也随着发展壮大，凡是接受华夏文化的各个民族，大体上都纳入了华夏族的范畴，华夏就成为中华民族的称号了。

第二种说法认为：中华民族的远祖可大致分为华夏、东夷、苗蛮三大集团。

东夷集团活动的地区，为大汶口文化、龙山文化和青莲岗文化江北类型分布区，即山东、河南东南部和安徽中部一带。传说中的太皞、少皞、后羿和蚩尤都属于这个集团。

苗蛮集团活动的地区，为大溪文化、屈家岭文化分布区及河姆渡文化、良港文化分布区，即湖北、湖南及江西一带。传说中的伏羲、女娲、三苗及祝融氏都属于这个集团。

华夏集团活动的地区，为仰韶文化及河南龙山文化分布区，即中原及北部的部分地区，传说中的黄帝、炎帝都属于这个集团。

后来，黄帝兼并了炎帝部落，又统一了其他各部，成为中华民族共同祭奠的先祖。华夏集团也因其连续的胜利，巩固了自己的主流地位，成为古老中华民族的代表。

由此可以看出，无论是种姓民族的概念，还是地域文化的概念，"华夏族"实际上指的是在文化上形成共同传统的，居住在黄河中游流域的古代各民族的统称。

在中国历史的发展过程中，中原地区的农业文明和经济文化的发展，是处于领先地位的，而周围的少数民族（"裔"、"夷"）则比较落后。因此，在历次的民族"大融合"过程中，汉族文化强烈的感染力和亲和力，深刻地影响着周边少数民族。就是在少数民族入主中原时期，执掌权力的少数民族统治集团也总是不可避免地最终认同汉文化，不断出现"野蛮的征服者最终被被征服者的文明所征服"的历史场面。同时，华夏文化也不断从周边文化中汲取营养，在双向交流中形成了兼容并蓄的风范。

"华夏"名称之解，并未到此结束。深入探讨它的由来，这是很有意义、很有价值的课题。

寓兵于农始于西周吗

寓兵于农是兵制发展史上的一件大事,历来为众多兵家学者所关注。它究竟始于何时?至今仍是众说纷纭,难以达成共识。

《庄子·盗跖》称"黄帝前耕而食,织而衣无相害之心,此德之隆也,然而黄帝不能致德,与蚩尤战于涿鹿之野,流血百里"。《商子·画策》云:"神农之师男耕而食,妇织而衣,刑不用而治,甲兵不起而王。"由此可见,五帝以前很少发生战争,没有专职军队,不存在寓兵于农的问题。夏王朝建立了由君王控制的军队,平时由少数不参加生产的贵族上层组成卫队,战时以其为骨干征集大量平民组成军队(《中国大百科全书·军事》军制、《中国军事史》军制)。商王朝建立了右、中、左三师(《殷契粹编》:"丁酉贞作三(师)右中左"),以贵族为骨干的国家军队,仅9000人。从以上情况看,夏商军队的数量少,成员多为不参加生产的贵族,奴隶不能参加军事活动《易经》:"高宗伐鬼方……小人(奴隶)勿用",当然也无寓兵于农的必要。

有的军事史学者认为,商王朝已开创寓兵于农的先河。从商代甲骨文和《周礼》、《左传》、《诗经》中看,武丁时期就开始实行军民制度。军队采取预定编制和隶属关系,先在贵族中固定各级指挥官,再将适合服役人员登记列编,使"平时任户计民"以预定其军籍,做到:"人有隶属之军,军有所统之将。"在编甲士(多为平民)、徒兵(农业奴隶)并不脱离生产,而进行短期射、御和使用戈、矛等武器的训练。战时指挥官逐级下达征集令,迅速按编制集结出征。《左传·隐公五年》:"故春蒐、夏苗、冬狩,皆于农隙以讲事也,三年而治兵,入而整旅、归而饮至,以数军实。"这些史料就反映了西周亦兵亦农,士、农、工、商均服兵役的实际情况。

破译科学系列

△ 西周军队

军事学术界的多数专家学者则认为，寓兵于农是始于西周。《禹鼎》、《𤼈壶》等史籍记载，西周有"西六师"、"成周八师"、"殷八师"，周天子直属的常备军二三十万。当时生产力水平很低，难以养活如此庞大的军队，除少数贵族成员以外，所有士兵均须参加农业生产。《国语·周语》："三时务农，一时讲武。"《管子·小匡篇》："商工之乡六，士农之乡十五。公帅十一乡，高子帅五乡，参国故为三军。"周王朝每年军事演习三次（《周礼》称四次），在农闲时进行。所有役龄内的人员，无论是否在营都要参加。演习通常还与田猎结合，演习完即进行狩猎。

有的军制专著还认为，西周还建立了相应的制度，配合寓兵于农的贯彻实施。据《史记》等古籍记载，周代的井田制与兵制结合紧密，人民"划井而居"，因井田而缴纳赋税，税以出粟为主以足食，赋以出军为主而足兵，从军赋到征兵都体现了寓兵于农。据《周礼·地官·司徒》记载，西周普遍推行了义务兵役制，乡遂之中大致每户征召一人为兵，按比（5家）、闾

11

（25家）、族（100家）、党（500家）、州（2500家）、乡（12500家），编成伍、两、旅、师、军。在乡称比、闾、族、党、州、乡，在军称伍、两、卒、旅、师、军。周王朝初期大规模战争很少，以后也不是战火连绵，实际上是每家出兵一人备征，7家（另一说10家）轮流有一人在营服役。口粮、衣服自备，战车、马匹、兵器等装备由国家供给。（《周礼正义》："六乡之卒，出于乡里，而兵车、大车、马、牛出于官"）。一旦发生战争，未在营的适龄人员，根据需要被征召入伍，使作战部队编制满员。

西周时军训与教育和生产结合紧密，也充分体现了寓兵于农的精神。《周礼》称："乡有庠，州有序，党有校，闾有塾。"《礼记·学记》称："古之教育，家有塾，党有库、术（遂）有序，国有学。"学校不分文武，教育内容为六德、六行、六艺。小学学习个人技术性的礼、乐、御、书、教（《周礼·大司徒》），大学学习六德、六行等理论，结合军事演习，学习集体性的礼、乐、射、御及战阵指挥等知识。"国人"每年参加短期受训而不脱离生产劳动，少数贵族常年在校学习。

军事学术界有的还认为，寓兵于农始于西汉的屯田兵制。汉文帝时，开始推行屯田制，徙民皆习武耕种，抵抗匈奴入侵。武帝时，为消除戍卒更代之烦和安定边防，在西北边民新设六郡，"开田官，斥塞卒六十万人戍田之"（《史记·平准书》）。设有屯田校尉、护田校尉、农都尉等官职，自敦煌到盐泽沿路均有屯田兵戍守。以后各帝进一步发展了屯田兵制，使数10万屯田兵"有警则战，无事则耕"。像这样的兵农一体，亦兵亦农，才是寓兵于农的开端。

 黄帝大战蚩尤之谜

公元前5000年左右，在我国黄河下游的冀州平原上，发生了一场规模空前的战斗：作战的一方是中原地区的部落首领黄帝；另一方则是来历不明的、却具有神奇本领的蚩尤。

一、蚩尤是什么人

蚩尤是什么人？历来传说不一：有的说他是"古天子"，有的说他是"诸侯"，有的说他是"庶民"。蚩尤属于哪一个民族？也历来传说不一：有的说他是九黎族的君主，有的说他是东夷族的首领，有的说他是苗蛮族的酋长。总之，他是一个身世不明的神秘人物。

他们兄弟81人，长相也十分奇特：铜头、铁额、人身、牛蹄、四只眼睛、八个脚趾，头上有角，耳鬓像戟，身上还有翅膀，能飞空走险，能吞沙吃石，还能运用人类语言，是一种同人类相近而又完全不同的怪物。

他们使用的武器也很特别，《世本·作篇》说："蚩尤作五兵：戈、矛、戟、酋矛、夷矛。"——用金属做武器，在远古时期，可算是一项划时代的发明。《太白阳金》也说："伏羲以木为兵，神农以石为兵，蚩尤以金为兵。"拿着闪光锃亮的戈矛，来对付粗笨的木棒、石块，不就像现在，拿着电子警棍对付三角刀，或者是拿着激光枪对付盒子炮吗？

于是，他们凭着自己的"先进武器"开始扩张了。《管子·地数篇》说他利用葛卢山流出的金属水，制成了剑、铠、矛、戟，当年就兼并了9个诸侯；他又利用雍狐山流出的金属水，制成长戟、短戈，当年，又兼并了12个诸侯，这就必然同正在中原开拓、发展的黄帝发生冲突。

二、一场有声有色的战争

战争一开始就打得异常热闹，黄帝同炎帝联合，指挥着一支以虎、豹、

熊、罴做先锋的部队进攻，蚩尤等81个兄弟拿着先进武器应战。黄帝截断江河，准备用水淹死这些铜头铁额不怕摔打的家伙，蚩尤却请来了风伯、雨师，刮起大风，下起大雨，以阻止黄帝进军。

黄帝不能制伏蚩尤，禁不住仰天长叹。

于是，天帝派玄女、旱魃前来助战，旱魃大喊一声："魃！"阳光普照，大雨停止，玄女敲响用独脚牛的皮做成的鼓，敲一下，声震250千米，蚩尤被震得神魂颠倒。

蚩尤却作起大雾，霎时间，天昏地暗，飞沙走石，黄帝的部队迷失了方向，分不清敌我，自相攻打，蚩尤却趁机逃跑。

于是，黄帝叫大将风后按照北斗星杓指示方向的原理制造了指南车。再次作战的时候，蚩尤作起雾来，洋洋得意，黄帝的部队已在指南车的指示下，直捣大本营，出其不意地捉住了蚩尤。

蚩尤的死也是奇特的。据古书记载：黄帝派应龙在"凶黎之谷"，杀了蚩尤，身首异处，擒获蚩尤的地点在中冀，又叫"绝辔之地"。

死后。人们为他垒了两座坟，一座在山东寿张的阚乡，高20多米；另一座肩髀冢在山东巨野的重聚：大小同阚冢相等。老百姓常常在10月祭祀他。他的坟头上常有赤气冒出，像一匹绛色的帛，人称"蚩尤旗"。后来。冀州人掘地掘出像铜铁一样的骷髅骨，大家都说这是蚩尤的骨头。

也有的记载说，蚩尤并没有被杀，黄帝降服了蚩尤后，派他当了军事统帅，控制八方。蚩尤死后，天下又动乱起来，黄帝教人画着蚩尤的图像到处张贴。大家都说蚩尤没死，于是天下又安定下来。可见，死了的蚩尤比活着的黄帝还要威风哩！

三、剥去了神话外衣之后

这一段被夸张得近乎荒诞的故事，是黄帝轰轰烈烈统一中原的一个必要的陪衬，是神话和历史的混杂，历史学家们认为，拨开神话所必有的奇云怪雾之后，基本事实应该是：

1.蚩尤是一个强有力的、团结一心的部落群体，奉行着一种奇怪的动物图腾崇拜，打仗时常常戴着一种奇特的面具吓唬对方，显得勇猛而强悍。

2.原始时代的自然火,也有可能把一些裸露的矿苗熔结为金属,把这些比木头、石块坚硬的天赐礼品加工成武器是自然而然的,蚩尤部落就是因为掌握了如此先进武器而强大起来,逐渐形成为我国古代东部的一个强大的部落。

3.战争在黄河下游的温湿地区的一个雨季中进行,从黄河中上游干旱地区远道而来的黄帝、炎帝部族,不熟悉地形,不适应气候,蚩尤凭借着"先进武器"和对当地雨雾规律的熟知,屡出奇兵,黄帝屡屡失利。

4.然而,黄帝毕竟是机智的、强大的,当熟悉了蚩尤和东部地区的作战规律之后,雨季已逐渐过去,旱季来临,蚩尤逐渐失去了最初的优势,所以黄帝击败蚩尤的时间是秋高气爽之后,老百姓在10月祭祀蚩尤。这也间接证明了蚩尤失败和死亡的日子。

5.蚩尤被杀之后,他的部族溃散:一部分继续留在东部地区,大略在山东、河南、河北三省交会之处,这一地区到汉代还有黎县、黎阳、黎山、黎水等地名,就是蚩尤遗民的遗迹;一部分被黄帝部族俘虏、同化,成了中原统治集团的顺民,古代把百姓称为黎民或者黎元、黎首、黎庶、黎氓,都是这一战争后的产物,至于那些死硬派的抗战分子,一部分向西北方向流窜,后来在今山西壶关县一带建立起黎国,直至商末才被周并吞,另一部分向西南方向流窜,那是黄帝鞭长莫及的地方,因而在湘、黔、滇一带得到了长足的发展,这也就是后来的苗族。传说:蚩尤死后,所弃的脚镣手铐长成了枫木。苗族祭奉自己的祖先神"剖尤"、"尤公公"、"枫神",当然就是对他们的祖先蚩尤的纪念了。

学术界曾反复辩论,蚩尤是东夷族的祖先,还是苗蛮族的祖先?其实,这也许是一场"三岔口"式的误会,他既是东夷人的祖先,也是苗蛮人的祖先,还是最早的黎民百姓的祖先,蚩尤祠遍布全国各地,蚩尤的后裔也遍布全国各地。

这一假说有它合理的一面,但遗憾的是:线条太粗,对神话所包含的合理的内核开发得不够,因而也就缺乏真切感,但是时代太遥远了,资料太缺乏了,我们不能对历史学家有更多的苛求。

四、关于智能机器人的假说

随着社会的进步，人们科学视野的拓宽，一个大胆的假说使人们激动起来：蚩尤，是不是一台破空而来的智能机器人？涿鹿之战，是不是一场爆发在地球上的有天外来客参加的星际战争？

1. 从蚩尤的造型和功能上来看：

它的骨骼和外壳都是金属制造的，并非血肉之躯，头上有角，是不是天线、探针？四只炯炯发光的眼睛，是不是各种光学测管？"八脏"是不是从事不同性能的机械臂？牛蹄而且八趾。当然是进退自如的运行装置了。它们起飞或着陆的时候。尾部喷口曳出红焰，有如一条赤链。这冀是人们所称道的"蚩尤旗"。它常常采集矿石标本，或者装进矿石就地化验、熔炼，人们没法理解，就认为是食沙吞石。显然。这是一具智慧生物制造的智能机器人，至于呼风唤雨、作雾，对于一台智能机器人来说，也就不足为奇了。

2. 从蚩尤、黄帝使用的武器来看：

这些武器，都是超越时代的。

《史记·封禅书》说："黄帝采首山铜，铸鼎于荆山下。"《世本》也说："蚩尤作兵。"但在考古资料和实物上，却找不到充分的证据。与蚩尤同时的山东龙山文化遗址中，虽然已经出现有炼铜渣和孔雀石一类的炼铜原料，但却没有铜制兵器，年代稍后的河南二里头文化遗址中，虽有青铜兵器出现，经C-14测定，大约是公元前21世纪以至16世纪的遗物，那已经是几百年乃至于1000年以后的夏王朝了。然而天然的金属实在是数量极少，因此，这一阶段还不可能出现大规模的用于实战的金属武器。然而，蚩尤却有。

指南车的使用也是如此。

指南针是"预兆资产阶级社会到来的三项伟大发明"之一，它的出现与人们对磁力及磁的指极性的发现是分不开的。

我国最早提出磁性的是战国末期的《吕氏春秋》，他说："慈（磁）石召铁，或引之也。"

我国最早记载的磁指南器是战国末期的《韩非子》，他说："故先王主司南，以端朝夕。""司南"就是磁指南器。人们习惯上所称的"先王"，最早不过夏禹商汤，绝不会是远古时代的黄帝，而让车上木人指示方向的"指南车"，则是三国时代的产物了。

结论只有一个，这金属武器，这指南车，都不是当时的地球人所拥有的物品。

3.从战争的进程来看：

对于这一群来历不明的机器人。肉体凡胎的黄帝能有什么办法呢？于是请来了"九天玄女"、"应龙"这样一些地道的"天外来客"。于是一场保护地球生态和破坏地球生态的星际战争在地球上打响。传说中的"九天玄女"鸟首人身，"应龙"则是一条有翼的龙。或许就是一条宇宙飞船吧。他们最后是发出某种声波（鼓声或龙吟）或电波。破坏了蚩尤的控制系统或通信系统，蚩尤才俯首就擒。

4.从蚩尤的死来看：

《路史后记》对蚩尤的死，用了一个"解"字，这是很适合于机械装置的。《述异记》记载后来冀州人掘地所得蚩尤骨有"如铜铁"这个描述，很是确切，它当然不是铜铁，而是类似铜铁却质轻如骨的高级合金。《述异记》还说："今有蚩尤齿，长二寸，坚不可碎。"说"今有"，表明在作者所在的时代（南朝梁）此物尚存而"坚不可碎"，正是这种高级合金的特性。

那经常出现在蚩尤坟上的拖带火光的"蚩尤旗"，想必是它的天外伙伴或主人在收拾残骸，研究败因，寻找着"黑匣子"这类的遗物吧。

五、一尊失败的"战神"

中国人是很尊崇胜利者的，所以，尧、舜、禹及历代的开国君主，都被描绘成圣明雄武的英雄。

中国人也是很鄙弃失败者的，所以夏桀、商纣、周幽及历代的亡国之君，都被描绘成生活糜烂、行为乖张的小人。

只有蚩尤是一个例外，它是一尊屹立在远古时期的失败的英雄。

胜利后黄帝不声张自己的声威，却拉大旗做虎皮，举着失败者蚩尤的图像威慑天下，居然换得"万帮弭服"。可见，在当时人们的眼光之中，蚩尤

17

并非一具可死的血肉之躯，而是代表着一种强大的、神秘的、超自然的、不朽的力量。

历代的帝王，也都把蚩尤尊奉为"兵主"、"战神"，顶礼膜拜。

西周军队出征。蚩尤、黄帝是并列的膜拜对象。

秦始皇、汉武帝东游齐地，祭祀"八神主"，蚩尤位列第三。

汉高祖刘邦起兵反秦，在他的家乡祭祀黄帝、蚩尤，胜利之后，却是爱有独钟，把蚩尤祠迁到长安，反而把黄帝冷落在一旁。

直至公元979年，宋太宗征河东，还有着出京前一日祭祀蚩尤的记载。

至于民间，秦汉时期的冀州一带还流行着一种角抵戏，人们三三两两，头戴牛角，互相抵触，人称"蚩尤戏"。至于蚩尤庙，长存在祖国的许多地域，至今仍被苗族人民所尊奉。

人们为什么尊崇这位失败的英雄？只有一个原因，那就是他不曾死，不具有血肉之躯，是一股永存的不可战胜的神秘力量。

他的对手黄帝及后代的民众。也没有在他身上洒泼污泥浊水，就像在每一个失败的君主身上洒泼的那样；古代的失败君主如桀、纣、周幽，身边都有一个狐媚惑众的妖姬，他却没有，他的身体中也许根本没有感情装置；历来的失败君主有着暴虐嗜杀的恶癖，他却没有，因为残酷地蹂躏地球生物并不是他的使命。古籍中给他留下的唯一的性格缺陷，就是"贪"，贪取地球上的一切物质标本，也许正是他走向地球的唯一使命。

到底哪一种假说更接近真实？目前还没有一致的结论。

大江东去，浪淘尽，千古风流人物。黄帝、蚩尤都已经远远地离开了我们。他们留下的神奇传说，将永远吸引我们饶有兴趣的猜想。

而这些猜想的证实，最终将取决于社会的发展、科学技术的进步。

人类将在真正的认识自己祖先的同时，也真正地认识自己。

炎帝与神农氏是否同一人

长久以来，在我国学术界，关于炎帝与神农氏、烈山氏等究竟是一个人还是几个人的问题，看法极不一致。徐旭生认为炎帝并非神农氏，更不是蚩尤。在《中国古史的传说时代》一书中，他明确指出神农氏究竟指人，还是指时代，说不清楚。并说"神农一名可以有五个不同的解释，据《吕氏春秋·夏纪》的说法，它不过是主稼穑的神祇或主农事的官员；据《庄子·盗跖篇》的说法，它可以为指时代的称号；据《战国·秦策》

△ 神农氏

及他书的说法，它可解释为氏族的名称；据庄子受学于老龙吉的说法，它又必须为个人的名字"。还说"到三国时谯周仍以神农与炎帝为二人"，"谯氏的史识优于他的同时人皇甫谧。他在三世时仍能主张神农、炎帝非一人，在当时可谓特识"。徐老不仅同意炎帝与神农绝非一人的看法，还进而提出"在农业开始发展的时候，把土神叫做神农也许是此词最初的意思，此后才用它表明时代，或把农业特别发达的氏族叫做神农的主张。陈元德等人与上述看法完全相反，认为炎帝系"苗族之酋长，发明农业，而处于神州（中国古时名曰赤县神州），故又名神农氏。炎帝、神农氏、蚩尤实为一人"。

其次，围绕着炎帝属何氏族集团的问题，也引发了不少争议。由于人们在炎帝生卒地问题上有分歧，加之其他因素影响，长期以来，炎帝究竟属何氏族集团，一直是我国学术界争论的焦点之一。主张炎帝降生陕西宝鸡的徐旭生等，认为炎帝是华夏族的一支，徐老说"炎帝民族或部落属于华夏族，内中有一个氏族叫做少典，它与有乔氏为互通婚姻的氏族，其生活区域大约在今甘肃、陕西省交界的黄土高原上或它的附近。从这个氏族分出来两个重要的氏族：一个住在姬水旁边，此后得了姬姓，就叫做黄帝氏族；另一个住在姜水旁边，此后得了姜姓，就叫做炎帝氏族"。对于蒙文通、傅斯年、陈元德等关于炎帝属南方江汉氏族（苗蛮集团）的说法，徐老一直持否定态度，并明确指出"这全是受大一统观念的蔽塞，遂以为有相似的行为就是一个人。其实炎帝绝不是神农，封神书中说得很清楚"。

还有一个问题，就是"五帝"说中何以没有炎帝。根据有关史料介绍，战国年间，即出现"五帝"的说法并分三种情况：首先春秋年间处于东方氏族集团的齐、鲁学者认为："五帝"包括黄帝、颛顼、喾、尧、舜。这个看法多记载在《世本·五帝谱》、《大戴礼·五帝德》和《史记·五帝本纪》之中；二是处于我国西方华夏集团的先秦知识分子，多数认为"五帝"系指黄帝、炎帝、少嗥、太嗥、尧。记载在《易·系辞下》等史料中的这个看法，反映了战国吕不韦门客的主张。从当时的宗教和政治角度讲，崇奉炎、黄帝及少、太嗥帝已经尽够，然而由于当时五行说的兴盛，吕氏门徒抱着"帝不足五，使命就不算完成"的决心，结果无舜入帝，形成另一种"五帝说"，这样，炎帝有幸进入五帝之列；再一种情况就是《帝王世纪》中主张的，"五帝"即少昊、颛顼（高阳）、高辛、尧、舜。在这三种说法中，炎帝只在西方华夏集团知识分子笔下出现一次。司马迁写《史记》时，在《五帝本纪》中曾数次提及炎帝，说"轩辕之时，神农氏世衰"，并指出黄帝"与炎帝战于阪泉之野，三战然后得其志"。似乎司马迁对炎帝的情况是清楚的，然而不知何故，《史记》中的五帝偏偏不包括炎帝。

# 周公排行是老几

西周初年，周公曾辅助武王伐纣；武王去世后，周公又摄政、东征，诛杀管叔，流放蔡叔。周公与武王、管叔、蔡叔，都是同胞兄弟。然而，周公与这些兄弟谁长谁幼，也就是说周公在兄弟中排行老几，史籍中却有多种不同的记载。自古以来，关于周公在兄弟中排列次序的争论，众说纷纭，一时成为历史上的一个悬案。现在，让我们来看看，各种说法都出自什么史籍，究竟哪一说最为有理。

老四说：见于《史记·管蔡世家》。该书记载，文王正妃太姒所生10子：长子伯邑考，其后依次为武王发、管叔鲜、周公旦、蔡叔度、曹叔振铎、成叔武、霍叔处、康叔封、冉季载。此说在先秦古籍中有很多佐证。《孟子·公孙丑下》谓，"周公弟也，管叔兄也"；《荀子·儒效》称周公"以弟诛兄"；《列子·杨朱》也说周公"诛兄放弟"。可知管叔是兄，周公是弟，周公诛杀管叔是以弟诛兄。管叔是老三，周公是老四。此说在情理上也可讲得通。武王逝世后，由周公摄政，代理成王统治天下。因为管叔是周公之兄，按照王位继承的兄终弟及制，武王逝世后依次继位的应该是他，而不是周公。管叔由于不能忍受周公以弟凌驾于兄之上，故对内联合除周公以外的诸弟，对外勾结殷人武庚和其他部族。他与周公兄弟之间，一场因争夺王位而进行的战争终于爆发。

老三说：见于刘向《烈女传》卷一《周室三母》。该书记载："太姒生十男：长伯邑考，次武王发，次周公旦，次管叔鲜，次蔡叔度……"《白虎通义·姓名》引《诗传》所述"文王十子"的次序与此相同。《邓析子·无厚篇》说："周公诛管、蔡，此于弟无厚也。"这里认为，管叔、蔡叔都是周公的弟弟，自然周公是老三，而管、蔡是老四、老五。此外，《后汉

21

△ 周公画像

书·张衡传》、《三国志·魏志·毋丘俭传》，都以管叔为周公之弟。此说虽然晚出，可信的先秦著作中未见，大约在西汉以后方盛行起来，但它的理由较为充分，故信从此说者渐多。

第一，武王曾经想把王位传给周公。《逸周书·度邑》记武王病重时对周公旦说："乃今我兄弟相后……即今用庶建。"所谓"兄弟相后"，亦即兄终弟及；"庶建"，据朱右曾训释，就是"不传子而传弟"。当武王谈出这一想法之后，"叔旦（周公）恐，泣涕共（拱）手"，表示不敢接受。"兄弟相后"应该由长及幼，依次相继。武王欲传位于周公，正说明周公是老三，管叔是老四，周公的排行紧接于武王之后。

第二，从称谓上看，周公应长于管叔。古人名字，习惯用伯（孟）、仲、叔、季来表示兄弟的次序。伯为老大，仲为老二，老二以后为叔，最小为季。这样，周公的兄弟，老大是伯邑考，最幼的是冉季载，必无问题。武王发是老二，因继王位而不加"仲"，也可理解。再看周公旦，只有在《逸周书·度邑》中与武王谈传位之事有"叔旦"之称，其他地方均呼为"公"；而管叔鲜则在各种场合一概称叔。显然，这是由于周仅次于武王而长于群叔的缘故。

第三，管叔在群弟之列。《尚书·金縢》中说："武王既丧，管叔及其群弟乃流言于国，"散布对周公的坏话。这个记载表明，管叔为群弟之首。如果管叔是周公之兄，那么群弟也包括周公，这里的行文就不通了。再说，武王去世后，周公代成王行政，当仁不让，理直气壮，一点也不与管叔商量；管叔散布流言，攻击周公，也只说"公将不利于孺子（成王）"，而丝毫不提自己是兄，年长于周公，应该由他来摄政，周公的行为是以弟僭兄。

22

这一切都表明，周公是兄，是老三，管叔是弟，周公摄政代理成王是当之无愧的。

老七说：见于皇甫谧撰《帝王世纪》。该书记载："文王娶太姒生伯邑考、武王发、次管叔鲜、次蔡叔度、次郕叔武、次霍叔处、次周公旦、次曹叔振铎、次康叔封、次聃季载。"这里把周公列在蔡叔、霍叔之后，认为周公是老七，与一般说法大不相同。但此说也有一些佐证和信从者。《国语·楚语上》韦昭注："管（叔）、蔡（叔），文王之子，周公之兄。"《左传·定公四年》杜预注："蔡叔，周公兄；康叔，周公弟。"显然，韦昭、杜预都是信从老七说的。唐孔颖达《正义》又进一步诠释：汉代的"贾逵等皆言蔡叔，周公兄"。可知孔、贾等人也主张周公是老七，为蔡叔之弟。《左传·僖公二十四年》载周室富辰的话："管、蔡、郕、霍、鲁、卫、毛、聃……文之昭也。"这里的排列显然是以长幼为序的。管叔为老三，排于最前；聃季载最小，为老十，排于文王嫡子之末。鲁为周公的封国，其位置排在霍叔之后，正证明周公是老七。周公以其卓越的才能，摄政当国，诛杀、流放其兄管、蔡，平息东方的叛乱，建成了西周统一大帝国。

由上述可见，周公是老三、老四或老七，各有各的根据和理由。究竟周公在兄弟中是老几，请作审慎的思考和鉴别。

 伍子胥有没有掘墓鞭尸

伍子胥本是春秋时期楚国贵族，楚平王因听信佞臣费无极的谗言，冤杀了伍子胥的父兄，并欲斩草除根，张榜通缉他。伍子胥历尽艰险，智过昭关，投奔吴国，成为吴王阖闾的亲信重臣，帮助吴国强盛起来，最后引导吴军攻陷楚国都城郢（今湖北江陵北），掘开楚平王之墓，鞭尸300，痛斥平王忠奸不分，残杀贤良，一泄胸中积恨，报却大仇。

那么，历史上的伍子胥有没有掘墓鞭尸呢？从史籍记载中看，存在着两种不同的说法：

一种说法认为历史上有过此事。西汉扬雄在《法言·重黎》中记载："胥也，俾吴作乱，破楚入郢，鞭尸籍棺，皆不由德。"认定伍子胥曾鞭尸籍棺。司马迁在《史记·吴太伯世家》中说："子胥、伯嚭鞭平王之尸，以报父仇。"还特地在《史书》中为伍子胥列传，传中记载："及吴兵入郢，伍子胥求昭王，既不得，乃掘楚平王墓，出其尸，鞭之三百，然后已。"司马迁是人们所公认的史学大家，他的记载自然被后人所信用，鞭尸之说遂流传开来。到了东汉，越人赵晔在《吴越春秋·阖庐内传》中对鞭尸一说作了进一步描述："吴王人郢止留，伍子胥以不得昭王，乃掘平王之墓，出其尸鞭之三百，左足践腹，右手扶其目，诮之曰：'谁使汝用谗谀之口，杀我父兄？岂不冤哉！'"其中的细节，可能是根据民间传说而做的加工。

另一种说法认为伍子胥并没有掘墓鞭尸，而是鞭笞过楚平王的坟墓以泄愤。此说最早的记载见于先秦成书的《吕氏春秋·首时篇》，说伍子胥"亲射王宫、鞭荆平之坟三百"。"荆"为楚国的别称，"平"为平王的简称。西汉成书的《春秋穀梁传》中的《定公四年》条中也记载："庚辰，吴入楚……挞平王之墓。"《淮南子·傣族训》也说："阖闾伐楚……鞭荆平

王之墓。"和赵晔同时代、又同为越人的袁康、吴君高所著的《越绝书·卷一》中也有类似的记载:"子胥救蔡而伐荆,十五战,十五胜,荆平王已死,子胥将卒六千,操鞭捶答平王之墓而数之,曰:'昔者吾先人无罪而杀之,今此报子也。'"这些都说明,伍子胥并没有"掘墓鞭尸三百",而仅是"鞭坟三百"。

近年来,有人提出了又一种看法,认为伍子胥没有掘墓鞭尸,甚至可能并未参加破郢之战,推而论之,他也不曾鞭墓泄愤。至于掘墓鞭尸或鞭坟之说都是后人"凿空捏造"的:一则,《春秋》、《左传》、《国语》是记载春秋史事最早、最有权威性的史籍,依《春秋》笔法论,楚平王虽为昏君,但如果伍子胥曾掘墓鞭尸或鞭坟,《春秋》势必大书特书,斥伍子胥为大逆不道、犯上作乱的叛臣贼子。然而,《春秋·定公四年》条中仅"庚辰,吴人郢",寥寥数字,并无伍子胥以下凌上的"暴行"。《左传》记楚国史事尤为详备,以2800余字详述了历时一年多的吴入郢之战的经过。《国语》为国别史,较多地保存了列国史籍的原貌、素材,然而二书中均同样不见伍子胥鞭尸或鞭坟的记载。《左传》叙述郢之战过程中,且没有提及伍子胥其人,看来伍子胥根本就没有参加郢之战;二则,先秦诸子中,孔子是郢之战的当世人,庄子为楚人,荀子为楚兰陵令,孟子周游列国,见闻甚广,但是他们谁也没有提到过伍子胥复仇之事;三则,如伍子胥曾引狼入室,掘墓鞭尸,给祖国带来深重灾难,那么楚国无论时人或后人都会对他口诛笔伐。但是,史籍中却不见这种声讨。掘墓鞭尸说的始作俑者是司马迁,可能是他借题发挥,是对个人不幸的强烈不满和时时隐忍的复仇心理的流露。

伍子胥掘墓鞭尸的故事,2000多年来被编成无数小说、戏曲、传奇,成为传颂千古、脍炙人口的佳话。有朝一日,揭出这故事的历史真相,将是广大读者颇感兴趣的。

 田横的五百壮士结局之谜

田横,秦末狄城(今山东高青东南)人,齐国贵族。他文武双全,义气豪爽,深受百姓拥戴。秦末陈胜、吴广起义后,田横与堂兄田儋共同起兵,重建齐国。楚汉战争中,齐王田广中了汉军计谋,被韩信剿灭。田横自立为王,结果兵败,投奔大梁王彭越。彭越归附刘邦后,田横率部属500余人,避祸海岛。

田氏宗族强大,威信又高,田横虽亡命天涯,仍有500壮士誓死追随。汉王刘邦虽平定天下,想起田横雄踞东海自成一统,不免心惊肉跳。田横若是招兵买马,卷土重来,再平叛可就困难了。刘邦思前想后,决定用封王的手段,把田横调离原地,再慢慢制伏不迟。

刘邦派使者招降。田横深知汉王用心,便推辞说:当时愤怒,把汉使郦生烹煮,后悔不及。现今郦生弟弟郦商为汉室重将,自己不敢与之同朝称臣。请汉王允许他做个普通百姓,能平静度过余生。刘邦怎能放过田横?第二次派遣使臣告知田横,已经告诫郦氏兄弟族人不得伤害田氏;田横入朝,大可封王,小亦诸侯;如再拒绝,汉室则举兵诛灭!田横无奈,携部属两人随使者来到洛阳。

行至距洛阳30里处,田横心乱如麻。想当初,自家也是做过一地之王的,威震一方。如今以俘虏的身份去投降称臣,苟且偷生,怎么对得起田氏列祖列宗,又怎样面对那无比尊敬崇拜自己的齐国旧部,让他们也羞耻窝囊地活着?田横下定决心:宁死不取其辱!田横从容地对部属说:"我与汉王都曾面南称王,现在要我面北称臣降服于他,是对我的污辱。我不会给齐国丢脸,更不会让壮士们蒙羞。汉王召我的目的,是监视我,怕我谋反,我根本无意谋反。这里距洛阳仅30里地,我即刻自杀,让他看到我真的死掉了,总可以放心了。"说完自刎。

△ 徐悲鸿《田横五百士》

刘邦看到田横的首级，一块石头落了地，心里很高兴，表面却流着眼泪，故作惋惜悲伤状，称赞田横是英雄豪杰，按王侯的礼节安葬田横。两个门客在田横墓旁挖洞，坦然赴死。

刘邦听说田横门客也殉死，心中一阵慌乱。他觉得那留在岛上的500人，是不安定因素，对田横死心塌地，岂不要以死复仇，赶快把他们骗来除掉！那么这500人来没来呢，结局又是怎样呢？有下面几种说法：

一、"蹈海"自杀说。刘邦派使臣来到海岛，说田横已死，不必苦苦等候。离开海岛领汉室封赏，该过安逸舒适的生活啦！500壮士听说心中的领袖已死，顿感万念俱灰，集体投水自杀。他们誓死效忠田横，死后魂魄也要追随田横左右，真是感天动地！

二、田横墓前集体自杀说。刘邦派使者诳骗壮士们：田横已在汉朝为官，请壮士们共享富贵！等大家走到半路，得知田横死讯，肝胆欲裂。他们拜祭田横墓地，集体自杀。壮士们情深义重，让苍天为之泣下。刘邦赶尽杀绝，为后世不齿。

三、壮士远走天涯说。有史书记载，田横之弟隐居在离田横岛不远的小鬲山，并未随兄自杀。此处三面绝壁，是世外桃源，正可幽居避祸。既然田横弟弟能生存下来，那么500人中必定还会有人生存下来，没有集体自杀。再有，据史料记载，美洲大陆还有"田人墓"遗址。"田人墓"埋葬的可能是田横门人。也许他们驾船渡过太平洋，飘落美洲，安家落户了。不过以那时的航海技术是否能行驶得那么远，还有待考证。

田横的500壮士，是忠义殉主，还是避世生活，抑或天涯远行？始终是个谜。

周公是否篡位

周公是历史上有名的政治家。他是周武王的弟弟,曾经辅佐武王建立西周王朝。武王死后,新即位的成王年龄尚小,于是周公就以叔父的身份辅佐成王处理政事。史书记载说周公曾经"践天子位",后来又还政于王。果有其事吗?

《左传·僖公二十六年》中记载说,周公曾经"股肱周室,夹辅成王",《左传·定公四年》说,成王继武王之位后,"周公相王室以尹天下"。《史记·周本纪》中也说:"周公……乃摄行政,当国。"由此判断,周公只是辅佐年幼的成王处理政事,以稳定刚刚建立起来的政权。

与此相反的记载则以为周公确是"践天子之位",《尚书》尤其持此态度。《尚书·大传》中明确地说:"周公身居位,听天子为政。"《尚书·大诰》中的称呼也可以看出些蛛丝马迹,文中的"王"称文王为"宁王",又叫做"宁考"。所谓考,自然是指已故的父亲,而此时能如此称文王的人当然只能是周公。《尚书·康诰》又有这样一段话:"王若曰:孟侯,朕其弟,小子封。""封"是周公的同母弟弟康叔的名字,诰中的"王"称康叔为弟弟,显然此"王"又是指周公。从这些材料可以看出,周公确实是自称为王的。

倘若周公真的践天子之位,取代了侄子成王的位置,那么为什么后世还有很多人对周公赞叹有加呢?

第一种看法认为周公乃"假为天子",他完全是为了整个周王朝的功业才背了"称王"这一"恶名"的。当时天下初定,周朝危机重重,尤其是东方尚未平定,更足以造成对新王朝的威胁。正因为此,才有周公对太公、召公说的话:"我之弗辟,我无以告我先王。"即是说,如果我不即王位,那么一旦诸侯叛乱,先王未完成的事业势将不继,恐怕我死后就无颜见先王。

《荀子·儒效》也说，周公践天子位的原因是"恶天下之倍周"。并且还应该看到，武王曾经主张"乃今我兄弟相为后"，即待他死后由弟弟周公继承王位。周公顿时诚惶诚恐，"泣涕共手"，表示绝对不能接受这种想法。可见，周公并无篡位的欲望。

虽然如此，历史上还是有很多人对周公颇有微词，说周公践天子位乃"恶天下之倍周"的《荀子》在同一篇文章中又说"周公屏成王而及武王以属天下……偃然如固有之"，即提出了对周公的批评——这种"如固有之"之态不是篡位又是什么呢？《史记·燕召公世家》和《鲁周公世家》都曾经记载太公、召公对周公的行为表示不满，连他们都对周公的举动表示怀疑，可见确实存在一些问题。

历史记载说，周公"假行天子位"七年，然后还政于成王。周公为什么要还政于成王，这也是历史上的一个疑点。对周公持肯定态度的人认为既然周公当初即天子位乃是为了社稷，那么在成王已经长大足以担负起治理国家重任的时候，自然就要归政于王。而有人则认为这不过也是周公玩弄权术的诡计。周公即王位的行为招致了太公、召公两位周王室股肱之臣的怀疑，管叔和蔡叔的反应则更为激烈，竟然联合武庚起兵造反，接着关中地区也乱了起来。史料还记载说当时"西土人亦不静"。事态的发展完全超出了周公的预料，所以周公赶快换了一种姿态：先是派兵平定管蔡之乱，另一方面又拉拢召公，与召公平分大权，"自陕以西，召公主之；自陕以东，周公主之"。此外，周公的长子被封为诸侯，次子则留守周室，世代共掌王权。这不仅不会再为自己招来非议，而且手中的权力依旧不减当初。

还有人说周公即位是件很正常的事情。武王在世时曾多次夸赞周公"大有知"，认为只有周公"可瘳于兹"，甚至曾向周公表示待自己死后要将王位传于他。而周公也确实没有辜负兄长的期待，他在位的七年里，西周王朝的基本问题都得到了较好的解决。再有，"兄死弟及"的继位方式还继续影响着当时的社会制度，所以周公"践天子位"是无可非议的。

后世关于周公是否即王位一事各有一说，也褒贬不一。这个谜的解开定会帮助人们更好地认识历史。

周穆王是否周游过西域

许多人都知道张骞出使西域的故事，他曾经在公元前138年的时候，以汉朝使者的身份率堂邑氏甘父等100余人，历尽艰难苦辛，前后花了13年的时间，开通了一条通往西域的道路，自此"西北国始通汉矣"。对于这次出使活动，前人曾给予了很高的评价，以为张骞之举可谓是"凿空"。谁知道到了晋代，传说在汲冢发现的《穆天子传》却记载说，早在西周时期，周穆王就曾经"得盗骊、绿耳之乘北绝流沙，西登昆仑，见西王母"，对于西域的山川地理民俗风情人物传说，该书不仅多有记载，而且经后人考证，多翔实可考。于是，一场争论便应运而生：周穆王到底有没有到过西域？如果没有到过的话，该书许多有关西域的记载作何解释？如果到过的话，是不是说当时的中西交通已发达到这种地步？

其实，周穆王游西域的故事，在先秦典籍中也多有提及，《左传·昭公十二年》称："昔穆王欲肆其心，周行天下，将皆必有车辙马迹焉。"《国语·周语上》中说穆王曾征犬戎得白狼、白鹿。《列子·周穆王》也说："穆王不恤国事，不乐臣妾，肆意远游。命驾八骏之乘……驱驰千里"，而后至于巨搜氏之国，升于昆仑之丘，又滨于西王母。《史记·秦本纪》和《赵本纪》中也说穆王使造父御八骏之乘，西行巡狩，并见西王母，乐而忘

△ 周穆王画像

归。然而，因为这些记载语焉不详，当时的人都未能加以重视，汲冢《穆天子传》的发现，却使人们不能不开始思考这一问题。

一种意见以为周穆王西行之事当属后人伪说。过去的一两千年的时期里，都认为在张骞通西域以前并无中西交通。汉武帝时华夏大国的政治经济交通以及民族关系都得到了极大的发展，可张骞还是费尽了千辛万苦才到了西域，相比较而言，西周时期无论是经济交通还是民族关系都远远落后于汉代，周穆王要率忠勇之士、驾八骏之车在2000多年前的时间里行程二万五千里，到达偏僻荒远的西域，谈何容易？也由于此，旧时的目录学著作，给《穆天子传》归类的时候，多把它归入"小说"一类，以为其言荒诞不经，距穆王时的历史真相相去太远，不可以作为信史。

另一种意见则以为穆王西行确有其事。古史的有关记载且不必说，单是从《穆天子传》本身进行考证，似乎也证明这一点，许多学者对于《穆天子传》中记载的周穆王所到之地及路程距离进行了考证，发现多数地方都有实地可寻。认为穆王从宗周（镐京）出发，到南疆、葱岭、里海间返回，或是经伊朗进入东欧，而后沿天山南麓经河西走廊回至宗周。

还有另外一种意见认为，从新疆及苏联出土的华夏先秦文物、20世纪30年代在安阳发现的高加索人头骨（也有人以为是爱斯基摩人或黑人）以及1980年在陕西扶风发现的西周蚌雕的白人头像等，证明中西交通至少在西周晚期已开其端，也就是说，穆王西征的可能性是有的。但其具体西征到什么地方，是否像《穆天子传》记载的跑得那么远，就很难说了。至少是目前还没有确证可以论定"穆王登昆仑丘、见西王母、游大旷原"。

从这些争论我们至少可以看出，之所以在这一问题上歧说不断，一个关键的原因是文献资料和考古材料的缺乏。如果在这方面没有新的突破，而只是单凭《穆天子传》本身去判定周穆王到底去没有去西域的话，那么即使有再多的新说，恐怕也不能为人们所信服。

伯夷、叔齐饿死之谜

伯夷、叔齐是备受古代先贤盛赞、品格高尚的隐士高人。他们的高风亮节被《论语》、《孟子》、《庄子》、《吕氏春秋》等典籍高度赞扬。太史公司马迁更是把他们放在列传之首,加以褒扬。那么,他们究竟是两个什么样的人呢,是否是耻食周粟,采薇饿死的呢?

《史记》记述:伯夷、叔齐是殷末周初孤竹国君的两个儿子。孤竹国王生前指定小儿子叔齐继位。他死后,叔齐却要把王位让给长兄伯夷。伯夷认为君命不可违,要尊重父亲的决定,因此拒绝就位,并出逃外国。叔齐则认为伯夷贤德,治理国家最合适,也符合长幼尊卑秩序,因此也出逃国外,把王位让给孤竹国君的二儿子。

伯夷、叔齐互相谦让,先后出走,后来相遇。他们听说西伯侯治理的西岐国富民丰,西伯侯礼贤下士,尊长爱幼,人民懂礼义廉耻,就商定投奔西岐。姬昌已死,武王不发丧,开始伐纣。大军供奉着姬昌(周文王)的神位,寓意此次主帅仍是文王,向孟津进发。伯夷、叔齐拽住马缰绳劝说道:"父亲去世却不安葬,这是孝顺吗?当臣子的去讨伐自己的君王,这是仁义吗?商纣固然残暴,但你以暴力治服暴力也是不对的!"武王大军没理睬这两个迂腐的人,继续进军。

周武王率军杀进殷都朝歌,推翻商朝,建立周朝。伯夷、叔齐听说现在是周朝的天下,他们都变成了周的子民,兄弟俩无法接受这种历史的必然更替。他们认为做弑君夺位的武王之臣民是可耻的,对商纣王是不忠不义的,因此逃到首阳山上采薇菜为生,坚决不食周粟。伯夷、叔齐饿得面黄肌瘦,奄奄一息,他们就作《采薇歌》以明心志:"登上西山去采薇,以暴易暴不知悔,神农、虞夏时代远,命运多舛勿怨谁。"伯夷、叔齐终于饿死在首阳山上。

后来世人却对这个故事产生了疑问：他们的身份确实是孤竹国王子吗？《庄子·让王》仅说："昔周之兴，有士二人，处于孤竹。"解释他们的身份是孤竹国的贤士。《吕氏春秋·诚廉》中也说他们是"士"，而没有肯定他们就是孤竹王子。

再有，伯夷、叔齐是否真的饿死？《孟子》说他们避居北海之滨，没提到有饿死的结局。《论语、李氏》说："齐景公有马千驷，死之日，民无德而称焉。伯夷、叔齐饿于首阳之下，民到于今称之。"虽然齐景公非常富有，但伯夷、叔齐虽然饱受饥寒，一无所有，但他们拥有高尚气节，所以受到人们的赞颂而流芳百世。这显然是一种对比，富有与贫穷，无德与高尚的鲜明对比。《论语》也没有肯定二人是饿死的。

但《庄子》、《韩非子·奸劫弑君》、《史记》都坚决肯定二人饿死之说。这又是为什么呢？

有些学者认为，把伯夷、叔齐上升到"饿死不食周粟"的高度，使他们成为忠孝道德观的典范，更有利于教育臣民，恪守君臣父子之道，严格遵守社会统治秩序，保证统治者牢牢把握政权。春秋战国期间，各国王侯为争王位，争霸权而发生的子弑父、臣弑君的流血事件层出不穷；如果都像伯夷、叔齐那样谦虚让位，与世无争，逃离尘世，社会也就平安无事了。因此，伯夷、叔齐的结局很可能是诸子百家为说教诸侯，减少纷争，而加以发挥利用的素材。但《史记》作者司马迁一向著书严谨，尊重史实，绝不会粉饰伯夷、叔齐的行为。

到底伯夷、叔齐是否是饿死的，至今仍旧是个谜。

项羽为何不肯过江东

"生当作人杰,死亦为鬼雄。至今思项羽,不肯过江东。"这是宋代著名女词人李清照的名作,意在赞叹项羽的英雄气概。

项羽是秦末农民起义军的领袖,为人刚愎自用,独断专行,在与刘邦争夺天下时落败,最终落得个自刎乌江的下场。项羽为何不渡乌江,从头再来呢?2000多年来,人们对此有种种说法。

第一种说法是:项羽因失败使江东8000子弟葬送性命而愧对江东父老。

△ 项羽画像

可是,如此说来,在垓下被围时,"虞姬死而子弟散",他就应羞愧自杀;渡淮之后从骑仅百余人,至阴陵又迷了路,问一农夫,结果被骗,身陷天泽,被汉军追上。如此狼狈的境遇他也没自杀;逃至东城,汉骑将之包围数重,他还是把仅剩的28骑组织起来作了一番拼杀,又"亡其两骑"。可见,这时候项羽仍有"东渡乌江"的想法。

所以《史记》中所记载,"无颜见江东父老"很有可能是司马迁为使情节完整而下笔渲染的情节。

第二种说法是:项羽不渡乌江是一种英雄情结,觉得自己是英雄,兵士都已经死死伤伤,自己更要死得壮烈,否则实在对不住"英雄"二字。

第三种说法是:项羽认识到了长期内战使人民痛苦不堪,尤其看到兵士死伤无数,希望早日消除人民的战争苦难。当项羽失利并且认识到自己无

△ 霸王祠

法立即消灭刘邦而又无法谈和的情况下，项羽只有牺牲自己以结束数年的残杀。这种说法在当时人们的认识范围内似乎很难说通。

第四种说法是：项羽是考虑全盘后见大势已去，斗志丧失后，彻底认输。正如唐诗人杜牧的《题乌江亭》所说，"胜败兵家未可期，包羞忍辱是男儿。江东子弟多才俊，卷土重来未可知。"

项羽为何乌江不渡？2000多年来，无论是文人骚客，还是历史学家都给予极大的关注，但至今难有定论。

曹操是宦官之后吗

《三国志·魏书·武帝纪》记载："桓帝世，曹腾为中常侍大长秋，封费亭侯。养子曹嵩，官至太尉，莫能审其生出本末。嵩生太祖。"曹腾是东汉中后期有名的宦官，那么曹操真的是宦官之后吗？学术界对此又有什么不同的观点呢？

曹操（公元155～220年）字孟德，小字阿瞒，沛国谯（今安徽亳州）人，三国时期著名军事家、政治家和文学家，去世后被其子曹丕追尊为太祖武皇帝，因此后人又称其为魏太祖或魏武帝。

《三国志》的作者陈寿称曹操："抑可谓非常之人，超世之杰矣。"唐太宗李世民称曹操："临危制变，料敌设奇，一将之智有余，万乘之才不足。"然而数百年来，曹操的形象严重受到小说与戏曲的歪曲，在民间几乎成了"乱臣贼子"的代名词。所幸历史是公正的，如今人们已几乎公认曹操是个了不起的英雄。即便这样，由于史料的相互冲突，人们对曹操身世的争论迄今未止。大体而言，有以下几种观点：

一、宦官曹腾之后说

《三国志·魏书·武帝纪》记载了曹操的身世："桓帝世，曹腾为中常侍大长秋，封费亭侯。养子曹嵩，官至太尉，莫能审其生出本末。嵩生太祖。"裴松之在注《三国志》时对曹操的身世作了补充，根据这些补充我们得知，曹腾的父亲叫曹节，"素以仁厚称"。

曹腾是东汉中后期有名的宦官，字季兴，是家中的第四个儿子。曾侍奉过汉安帝、汉顺帝、汉桓帝、汉灵帝四个皇帝，《后汉书》还专门为其立传。安帝时，曹腾入宫为黄门从官，之后侍奉太子（顺帝），顺帝死后，他与大将军梁冀共立桓帝，因此被封为费亭侯，迁大长秋（宣达皇后旨意，管理宫中事宜,为皇后近侍官首领,多由宦官充任),俸禄仅次于丞相和太尉。曹腾在省内(宫内)供事30多年,一直小心谨慎,其家族也从不在家乡横行霸道。而且曹腾又经常向皇帝推荐一些名士,如陈留虞放、边韶、南阳延固、张温、弘农、张奂等。曹腾与其父曹节一样宽厚,深得当时的名士所称羡。

曹操的父亲曹嵩,字巨高,是曹腾的养子,父亲夏侯睿,母亲颜氏。曹嵩22岁时被敦煌太守赵咨举为孝廉,任荥阳令。赵咨为官清廉,曹嵩深佩其人又感其知遇之恩。赵咨后官拜东海相,从敦煌赴任东海时途径荥阳,曹嵩为谢其举荐夹道相迎,谁料赵咨竟视而不见。面对恩公的冷遇,曹嵩并不羞恼,反而说:"赵咨大人海内人望,今过我界却避而不见,外面的人若知,一定会耻笑我怠慢恩人!"为了拜谢赵咨,曹嵩弃印绶一直追至东海地界,赵咨深为感动,停车相见,对曹嵩说:"曹大人如此重情重义,真非常人也。"灵帝时,曹嵩又升任大司农、大鸿胪,先后掌管国家的财政礼仪,位列九卿,位高权重。

曹操的父亲曹嵩是曹腾的养子,既然是"养子",必然另有所出,那么曹操的祖宗到底姓什么?关于这个问题陈寿在问过很多人后也"莫能审其生出本末"。一般认为曹嵩的姓氏是夏侯氏,裴松之注《三国志·曹瞒传》时引录:"嵩,夏侯氏之子,夏侯惇之叔父。"郭颁的《世语》也持这种说法。这种说法也是有一定根据的,曹操大权在握之后,夏侯惇及其他夏侯子弟都来投靠,曹操也把他们作为亲信留在身边。陈寿作《三国志》时把诸夏侯与诸曹合在一起立传,也有这一方面的原因。但也有一种观点认为,曹操并非夏侯氏之后。原因有二:第一,曹腾在家排行第四,选养子应该从他的子侄辈中挑选,而不应从外姓的夏侯氏家族中过继一个养子,如果曹嵩是从曹腾三个哥哥中过继的后辈,那么他应是曹腾的亲侄子,姓曹。这样,曹操也就自然姓曹;第二,是曹操把自己的女儿嫁给了夏侯惇的儿子夏侯懋,如果曹操真的出自夏侯氏,那他这样做就违背了"同姓不婚"的传统习俗了。

二、黄帝后裔说

有人认为曹操是黄帝的后裔,其理论依据是,《魏书》记载:"其(曹操）先世于皇帝。当高阳世，陆终之子曰安，是为曹姓。周武王克殷，存先世之后，封曹侠于邾。春秋之世，与于盟会，逮至战国，为楚所灭。子孙分流，或家于沛。汉高祖之起，曹参以功封平阳侯，世袭爵士，绝而复绍，至今适嗣国于容城。"说明了曹氏与黄帝的传承关系。裴松之注的《魏书·蒋济传》中也有这样的说法，其云："蒋济《立郊议》称《曹腾碑文》云'曹氏族出自邾'，《魏书》述曹氏乱绪亦如之。"

三、姬姓之后说

有人认为曹操乃姬姓之后。曹操曾作《家传》，自称是"曹叔振铎之后"，据说振铎是周文王的儿子，武王的兄弟，封于曹，因而为姓。曹操死后，曹植在《武帝诔》中仍维护父亲的说法，亦称"于穆武皇，胄稷胤周"，他们都认为自己是后稷及周文王的后代，而《后稷传》说是周人的先祖，姓姬氏，故曹氏为姬姓。

四、虞舜之后说

还有一种说法指出曹氏为虞舜之后，魏明帝时，有一次在谈到郊祀时，侍中高堂隆说"以魏为舜后，推舜配天"，蒋济立刻反驳，认为"舜本姓妫，其苗曰田，非曹之先"（《三国志·魏书·蒋济传》），蒋济还引用了《曹腾碑文》："曹氏族出自邾"，并认为"魏非舜后而横祀非族，降黜太祖，不配正天，皆为缪妄"。但蒋济的观点并没有被明帝接受，在景初元年冬，"营洛阳南委粟山为圜丘"祀天，发诏文说："曹氏系世，出自有虞氏，今祀圜丘，以始祖帝舜配。"这一提法，直接否定了曹操自己的说法，害得曹氏子孙以讹传讹，到元帝被废时仍称"昔我皇祖有虞"。

有学者认为，后三种说法多为有意维护曹操身家地位之附会言辞，不足为信，因为后三种说法出自同一篇文献。一篇文献罗列几种不同的观点，其自相矛盾之处不能不使人生疑。

那么，曹操的先祖究竟出自谁家，现在仍然难以确定，这个谜团就待后人去解开吧。

关羽有没有后代

《三国演义》中如此评价关羽："汉末才无敌，云长独出群，神威能奋武，儒雅更知文。天日心如镜，《春秋》义薄云，昭然垂千古，不止冠三分。"但是关于关羽有没有后代，历代历史学家、学者众说纷纭，莫衷一是。

关羽（公元162~220年），中国东汉末将领，字云长，本字长生，河东解县（今山西临猗西南）人。早年随刘备起兵，曾参与镇压黄巾起义，后守下邳（今江苏邳州南）。东汉建安五年（公元200年），为曹操擒获，授偏将军。在官渡之战中，为曹军先锋，斩杀袁绍大将颜良，封汉寿亭侯，不久回归刘备。十三年，关羽所领的万余水军作为刘备军主力，与孙权联合，大败曹军于赤壁。此后镇守荆州。官至前将军。二十四年秋，出兵攻襄阳、樊城（今属湖北），乘汉水泛滥，迫降曹将于禁，擒杀庞德，围困曹仁、吕常，威胁中原。后因曹操遣兵增援，吴将吕蒙乘虚袭取江陵（今属湖北），关羽败走麦城（今湖北当阳东南）。十二月，为吴军擒杀于临沮章乡（今湖北远安境）。关羽死后被神化为关帝，在民间影响颇大。

△ 关羽画像

关羽死在刘备做皇帝前，刘备对他是宠礼有加的，并为他的被杀害，敢冒天下之大不韪兴师动众讨伐东吴。关羽死后，还追谥为"壮缪"，子孙世袭。从《三国志·关羽传》看，他至少有两子一女。关平，见于本传"权遣将逆击羽，斩羽及子平于临沮"，即在失荆州后，在出走临沮（湖北远安）时战死的。他大概没有后代，袭爵的是次子关兴，当吴将吕蒙白衣渡江攻陷荆州时，他和家眷都被充作俘虏，估计是后来吴蜀联合后，才遣送还成都的。他就是托关羽的福荫，20岁就当上了侍中中监军的官，可惜没干上几年就病死了。嫡子关统接班，尔后又被刘阿斗招为女婿（和诸葛亮独子诸葛瞻为连襟）。官拜虎贲中郎将，没有几时，他又死了，因为没有儿子接爵，就由庶兄弟关彝接班。

这样从关兴到关彝，关氏家庭父子兄弟绵延了40年，在成都靠父亲之荫，安居乐业。

在蜀汉灭亡后，庞德的儿子庞会随邓艾进成都灭了关氏一门，当年关羽水淹七军擒杀的魏将庞德儿子庞会公报私仇所为，"庞德子会随钟、邓伐蜀，蜀破，尽灭关氏家"（《蜀记》）。如果有如是说，那就是关彝一家了，所以罗本《三国演义》有"汉寿亭侯关彝，皆被魏兵所杀"（第一百十九回），即按此据。

这样看来，关羽是无后流传于世了。

可是，仍有后人称关羽有后裔。根据史料记载，关姓郡望陇西，始祖是夏桀时的忠臣关龙逢，关羽为其二十七世（一作三十七世）后裔。关羽、关平于麦城兵败被杀，关平之妻赵氏携8岁的儿子关樾，在安乡民家避难，改姓为门。直到西晋灭吴后赵氏才带儿子出来回复关姓。清雍正十年（1732年），朝廷确定由关樾一支后裔世袭五经博士。关兴的两个儿子关统、关彝中，因为嫡子关统无子，所以由庶子关彝系下繁衍生息，成为关公后裔的一大宗派。蜀汉灭亡以后，这支关氏族人迁移至今湖北江陵一带，定居信都（今河北省冀县），到唐朝德宗时，关羽后裔关播曾经作过宰相。据《旧唐书》（列传卷八十）记载，关播为德宗检校尚书右仆射（相当于宰相之职），卒于贞元十三年（公元797年）正月，79岁而终。他死后6年，白居易曾经租了关府东亭作为栖身之地，故其文中多有称"故关相国"云。之后到了宋朝，或许是因为当局开始尊崇关羽，于是各地的关氏族裔都开始注重家谱,是以保留下来的家谱开始多了起来。《关氏家谱》是目前唯一一部发现的由朝廷正式编修的关羽家谱,编修者是嘉庆时关文榜,是关氏58代孙。

另据清光绪年间的《荆州府志》和《江陵县志》载:关平随父镇守荆州时,娶赵云之女为妻,生有一子叫关樾。吴兵袭取荆州时,关平妻子抱着才八岁的儿子逃出荆州城,易姓改名,避居乡下,到西晋灭吴统一全国时,才回荆州城,恢复关姓,世代相居荆州,以守陵冢为家。清代雍正年间,关樾嫡系奉祀当阳关陵,乾隆年间奉祀荆州关庙,特准世袭五经博士,并免除一切杂派差徭。这一记载虽未见于史书,但据荆州关姓祖上相传,他们确是关羽的后裔。荆州应是关羽后代唯一之乡。

台湾学者彭桂芳说:"自关羽之后,关羽家族的盛誉,也千古长传,他们的子孙在光荣的传统下,世世代代人才辈出,表现杰出卓越,令人对这个家庭更增敬意。""子孙遍布大江南北,兴盛无比。"20世纪30年代,吕楠认定后魏关朗、唐关播,"史志及《关氏宗谱》及《解人世传》又皆云羽之裔"(浙江《湖州月刊》)。可是这些谱牒都是在关羽被百姓神话之后出现的,是不是有人附会也无从考证。农民历史学家何光岳认为,"关公是有后裔的,他是关龙逄之后,世系直到现代,从未间断过。"何光岳对中华民族姓名颇有研究,并在出版的《夏源流史》中,就关氏的来源和迁徙作了考证:关羽、关兴"其后世居信都"。《三国演义》研究学者沈伯俊对关羽有后代之说作如此推测:一、庞会灭关氏灭而未尽,有漏网者;二、荆州可能有关羽后代——按年龄算,关平当已婚而有子女,吕蒙对之并未屠灭;三、关羽故乡,亦当有其兄弟子侄之后。

民间也流传有所谓关羽第三子关索的故事,《三国演义》还穿插有随诸葛亮南征,担任先锋。明成化年间流行的说唱词话《花关索传》还介绍其生平事业。但是相关学者认为,史料上没有关于关索的记载,民间流传所谓"花关索"的故事,并没有历史根据。也有人认为,"索"和"平"字的古篆写法差不多,关索可能就是关平,可关平一生从未到过云南,所以这种说法也不可信,因此一般史学界公认的结论是,这个纯粹是个传说,历史上并无关索其人。在明清小说里,也创造关羽有后代,常见的如《水浒》水泊梁山的大刀关胜,以及见于《说岳全传》,他的儿子关铃,而关胜的原型确有其人,乃北宋末期镇守济南,坚决抗金的宋将关胜,此人即被称为关羽后代,"或曰是壮缪后"(《坚瓠秘集》)。当然《水浒》说得更是神乎其神了,所谓"生的规模,与祖上云长相似,使一口青龙偃月刀"(第六十三回)。当然此处带有很大的小说家艺术思维的虚构,是不足为依据的。

那么关羽到底有没有后代流传于世,至今还未界定有一部正宗"关氏宗谱",旗帜鲜明地标明自己是关羽的嫡系子孙。这个谜底只能留待后人解开了。仅是禁军中的官职,而且更重要的是中央军队(禁军)的统帅。三国时期,担任过中护军的人物有,魏方的韩浩、蒋济、夏侯玄、司马师、贾充,吴国的周瑜,蜀汉的赵云,除了赵云、周瑜、韩浩是武将外,其余几个都算是文官,文官自然难以胜任统领近卫、护卫的工作,所以中护军并不是近卫统领。黎东方在《细说三国》中曾说"中护军"相当于"在朝廷内部主持军官升迁调降的人事处长"。

由此可以断定,赵云虽然不是"五虎上将"之一,但也绝对不是护卫长。

关羽是因大意而失荆州的吗

关羽失荆州是三国时期的蜀国的一个转折点，没有了荆州，等于蜀汉少了半壁江山，其在全国的影响力大降。关于荆州的失去，向来有"关羽大意失荆州"之说，那么荆州之失是由于关羽的大意而造成的吗？

建安二十四年（公元219年），关羽发动襄樊战役，虽然水淹七军，威镇华夏，但最终却导致荆州失守，自身也为孙权所杀。那么关羽为什么会失去战略位置十分重要的荆州？

陈寿在《三国志》中说：关羽是因"刚而自矜"，"以短取败"的，即关羽大意失荆州。很多学者都赞成此说，理由如下：

一、关羽襄樊之战给东吴夺取荆州以可乘之机。建安十六年（公元211年），刘备应刘璋之请率军西征入川，留诸葛亮、关羽镇守荆州。建安十九年（公元214年），刘备进攻雒城（今四川省广汉县）失利，急调诸葛亮、张飞、赵云等入川支援，留关羽独守荆州。刘备攻克成都后，自领益州牧，正式任命关羽都督荆州事务，并要求关羽"北拒曹操，东和孙权"，采取守势，等待时机再行北伐曹魏。但关羽麻痹轻敌，仓促行事，擅离防地，盲目发动对曹军的襄樊之役给东吴以可乘之机。

二、关羽骄横无礼，不把盟友孙权放在眼里。孙权派诸葛瑾前来向关羽求亲，为孙权的儿子向关羽的女儿求婚，关羽却说："吾虎女安肯嫁犬子乎！不看汝弟之面，立斩汝首！"破坏孙刘之间的友好邦交，促发了孙权以后的负盟背约，造成关羽腹背受敌。

三、吕蒙巧施离职就医的小计，关羽又丧失了应有的警惕，撤除了江防重兵，全力投入襄樊之战，使后方空虚，招致荆州之失。

建安二十四年八月，关羽水淹魏七军，生擒主帅左将军于禁，乘胜围

43

攻败退樊城（今湖北襄樊）的魏征南将军曹仁，一时威震华夏。曹操采纳丞相司马懿、曹椽、蒋济的建议，利用刘备拒不归还所借荆州，吴蜀联盟出现破裂之隙，派人劝说东吴孙权抄袭关羽后方，并许诺把江南封给孙权。驻军陆口（今湖北蒲圻西北）的东吴大将吕蒙认为，关羽素怀兼并江南的野心，是对东吴的很大威胁，建议孙权趁机消灭关羽，以解除后患。孙权采纳其计。于是吕蒙假借生病之名返回吴都建业，孙权即拜36岁的陆逊为偏将军右部督，代替吕蒙。陆逊至陆口，即写信给关羽，陆逊利用关羽骄傲自大的弱点，在书中以卑下的言辞写信吹捧关羽，赞赏他的功德，表示自己对他的仰慕，并且表示绝不与关羽为敌。关羽看信后，甚为轻视陆逊，越发大意，完全丧失对东吴的警惕。把留守后方、用于提防东吴的军队调至前线，全力对付曹操。

　　此时，关羽俘获魏军3万多人，为了解决粮食问题，关羽军或荆州地方官员擅自拿了孙权湘关的粮食。孙权得知湘关的米被抢，就派吕蒙为大都督，命令他迅速袭击关羽的后方。吕蒙到了浔阳（今湖北黄梅西南），把所有的战船都改装作商船向北岸进发了。到了北岸，蜀军守防兵士以为是商船，便放松警惕。不想到了晚间，吴兵偷偷上岸，这样吕蒙大军神不知鬼不觉地占领了北岸，进军公安。留守公安、江陵的蜀军将领本来对关羽很不满意，经吕蒙劝降，都投降了吴军。

　　当关羽得到消息，匆匆忙忙从樊城撤军的时候，公安、江陵已经被糜芳、傅士仁献给了吴军。蜀军进退维谷，走投无路，疲于奔命，军心动摇，关羽只得领兵退守麦城。十二月，关羽率少数骑兵从麦城突围逃窜，被吴将潘璋部将马忠擒获，斩首。

　　然而近年来一些专家学者认为，关羽并非大意失荆州，荆州之失，乃势所必然。原因如下：

　　一、关羽发动襄樊之战并非盲目行事。当时的情况是，建安二十三年（公元218年），刘备亲自率领法正等人率部进军汉中，开始了与曹操争夺汉中的汉中战役。建安二十四年正月，刘备在汉中定军山大败曹军，接着屯兵阳平关。同年三月，曹操率领大军自长安出斜谷与刘备进行决战。刘备军则

△ 荆州古城

"敛众据险，终不与交锋"，与曹军相持数月，拖得曹军官兵病的病，逃的逃，死的死。曹军陷入欲进不能，欲还可惜的处境，最终迫使曹操在同年五月领军撤出汉中，返回长安。刘备终得汉中。为了巩固刘备在汉中的统治，防止曹操卷土重来，确保蜀地长久稳定，发动襄樊战役是必然的。关羽发动襄樊战役的时机应该说是成熟的。如不是孙权背信弃义，袭击后方，关羽在军事上的形势是十分有利的。再说，关羽发动襄樊战役时，在内部也作了积极的部署。以糜芳守江陵，命傅士仁屯公安，还留下部分兵力，提防孙权袭击后方，足见关羽并没有丝毫大意。

二、关羽拒婚另有原因，荆州地处上游，乃东吴命门所在，关羽拒婚或不拒婚，东吴都会讨伐，我们换一个角度提出问题：如果关羽对孙吴没有傲慢的态度，孙吴会不会放弃谋取荆州的打算呢？答案显然是否定的。因为夺取荆州是孙吴的立国之策，有几个事实为证：东吴大将吕蒙建议袭取荆州，是在关羽擅取湘关粮食之前；甘宁建议夺取荆州是在建安十三年（公元208

年），远在关羽拒绝孙权求婚之前；鲁肃建议孙权夺取荆州的时间更早，那时候根本没有关羽与之为邻之事。所以说，东吴谋取荆州与关羽对东吴傲慢态度不讲策略之间没有必然联系。

三、关羽失荆州，在外部有孙权集团的叛盟与出卖，在刘备集团内部没有发一兵一卒支援，致使关羽孤军作战，腹背受敌，荆州之失也在所难免。建安二十四年的襄樊战役，关羽在前线接连胜利。关羽的胜利，严重地威胁着曹操、孙权两家。于是曹孙两家有了共同愿望，都想把关羽打败或消灭。孙、刘的矛盾，乃是公开的秘密，予曹操集团可乘之隙。而此时东吴为了取得荆州，已经与曹操密谋，主动要求从后方袭击关羽的荆州城大本营，解曹操襄樊之围。孙权曹操二人一拍即合。关羽在曹、孙两军夹击下，进退失据，父子俱死。孙权多少年来梦寐以求的荆州，终于到手。

四、蜀统治集团未能正确审时度势，蜀国在经过几年整顿以后，国力有所上升，但还不足以支持双线出击，击破曹魏势力；同时，在攻占汉中之后，未能正确认识到曹操从汉中撤兵有其战略意图，即避免双面受敌，而采取各个击破的方式来对付蜀汉；对孙权势力存在的危险性的认识与准备不足，而最终导致了关羽腹背受敌，首尾不能相顾，失去荆州。

综合以上原因，荆州之失不能简单地将责任归于某个人或其错误决定，它是各种原因相互交叉相互影响造成的。

南北朝时期人口有多少

南北朝时期是我国历史上一个十分动乱的时期，各族统治者既相互争夺，又相互勾结，对劳动人民进行掠夺和屠杀，严重地破坏了社会生产力。在这一时期，户口状况的记载，不但数据寥寥，而且十分凌乱，所以南北朝时期人口到底有多少仍然是一个需要考证的问题。

对于南北朝时期人口的数量，不同的学者提出了不同的意见，主要有以下几种观点：

第一种，王育民在《两晋南北朝的人口数量与雇佣劳动》中认为，南北朝时期，东晋与南朝记录在案的户口与实际户口相差悬殊。记载的数字要大大低于实际人口的数量。他认为，东汉时期随着孙吴和蜀汉的发展，长江流域得到了开发，人口也得到了很大的增加。再加上晋王朝南渡之后，许多士人也大批迁移，所以南部中国人口逐渐上升，户口总数在300～400万户：1500万至2000万口之间。而北方十六国的人口状况则是：前期人口减耗，后期则处于迅速回升状况之中。首先在西晋末年，五胡乱华，十六国竞起的时候，导致战争不断，人口数量自然锐减。但是在后来，前秦帝国苻坚在王猛的帮助下统一了北方，又经过一段时间的相对和平稳定的发展之后，人口数量又得到了大量的增加，大约有2000万人以上。后来虽然前秦帝国覆亡，各族政权又林立，但是不久之后便又统一到北魏的统治之下。魏孝文帝实施了"均田制"、"三长制"和"租庸调制"，使人民得到了相对安定的生活，所以人口便得到了很大的增长。北魏时期人口的数字在1000万左右。至北齐、北周时期，人口再次上升，北周大象中包括灭北齐后的户口数，应为4 622 528户，29 016 484人。这都要高于以前的水平。

也有学者不同意王育民的观点：

△ 南北朝时期的服饰

宁可在《试论中国封建社会的人口问题》中指出:"五胡十六国以及南北朝时期激烈的民族斗争使生产遭到严重破坏,人口大量死亡和流徙;入主中原的少数民族的落后的生产形式……对生产的破坏从而对人口增长的阻碍作用,在一定时期内是相当严重的。"

胡焕庸、张善余则在《中国人口地理》中认为:"在这场延续百年的大动乱中，我国北方的人口究竟下降到什么程度，没有具体数字可资稽考，但损失极大是可以想象的，恐怕与东汉末年的大动乱相比亦不遑多让。"

而袁祖亮则针对上述看法，对北朝人口提出了户口变化呈马鞍形的观点。他认为公元304～318年，由于战乱、灾荒、疾疫等因素，中国北方人口出现了大幅度下降，户数从西晋太康元年的140多万下降到不足100万户。公元318～319年，黄河流域建立了前赵、后赵和前凉。此时关东地区有60多万户。关中、陇西、河西地区有10多万户，石勒为王的20郡户口也不会少于30多万户，关中各少数民族也有6万余户。这期间，中国北部的户数有120万户左右，其人口数当有800万人左右。公元329～352年间，这一时期北部人口有所增长。前燕的户数超过80万以上，估计口数为400万。从后赵到北魏，关中和关东户口数也不下600万人。此时总户数约180万户，1200万人左右。公元352～383年，中国北方的人口有了较大幅度的增长，超过了西晋太康初年的数字，估计其人口数在1800万到2000万上下。这是在东汉之后，北方人口的最高数额。

由于淝水之战的失败，使北方又陷入了混乱的局面，出现了12个割据政权。据史料记载，南燕户数不下35万，人口近200万，西秦户数约20万，人口约有100万。后秦地区约有60万户，人口数300万。拓跋魏的势力范围内约40万户，200万人口左右。此外凉州约有25万户，河北、辽宁也约有40万户，据上述统计，在公元400年前后，中国北方人口在200万户以下，人口数接近1000万人。由此可见，十六国时期的人口发展状况是呈马鞍形，而并非如王育民文中所说"北方户口处于回升之中"，当时户口的发展状况经历了减少——增长——再减少三个阶段，直至北魏正光年间北方的户口数字，仍然没有恢复到东汉永和五年时期的水平。后来北魏又分裂为东西两魏，由于战乱人口又开始减少，接着便被北齐和北周取代，北方人口在相对稳定的环境之下又得到了恢复后，在北齐、北周对峙时期，北部中国在户口发展一度停滞之后，又再次上升，恢复并接近北魏盛时。北朝后期北方的户口数，实际上要比见于史籍记载的为多，史载："周齐分据，暴君慢吏，赋重役勤，人不堪命，多依豪室，禁网隳废，奸伪尤滋。"

此时南方的人口也在大幅增长,主要有以下几个原因:

一、"永嘉之乱"后北人的大量南迁

西晋"永嘉之乱"后,南方相继建立东晋和宋、齐、梁、陈五个王朝,凭借长江"天堑"的屏障,得以避免战乱,较长期内处于相对稳定的局面,北方广大汉族人民,为逃避战乱、饥荒和民族压迫,大批渡江南迁。据估计,自东晋初到刘宋末,北方流移南下的人口即有100万以上。

二、南方经济和人口的同步增长

北方人民的南迁,给南方带来大量劳动人口和先进的生产技术。东晋统治者王导、桓温、谢安、刘裕等实行了一系列比较切合时宜的政策,使南方经济得到很大程度的发展,为人口的繁衍创造了丰厚的物质前提。东晋太和五年有1 748 000余户。

南朝刘宋王朝的创建者刘裕父子当政的近半个世纪期间,南朝历史上政治相对安定,经济向上发展的小康时代。所以户口也达到了901 769,人口有5 174 074。

梁末,由于"侯景之乱",人口遭到了很大的破坏,公元552年梁元帝萧绎称帝于江陵时,史称:"自侯景之难,州郡太半入魏。自巴陵以下至建康,缘以长江为限。荆江界北尽武宁,西拒峡口;自岭以南,复为萧勃所据。文轨所同,千里而近,人户著籍,不盈三万。中兴之盛,尽于是矣。"使迅速发展中的人口,又陷于停滞。《通典》记载,到后主(南朝陈最后一任皇帝陈叔宝)灭亡之时,隋家所收户50万,人口200万。

但是也有人对这种推测方法提出了疑义,因为南北朝时都有许多大家豪族占有许多奴婢,这些都没有算在人口之中,而且南朝的梁和北朝的齐、周都有许多僧尼也没有算在人口之中。此外,吏、兵、匠等户是另立户籍的,也没有载入籍册之中,还有一些许多人因为不堪赋役,大量逃亡,也无法作出记录。所以说南北朝时期的人口多少仍然没有一个准确的数字。

三国竹简为何埋于古井之中

在中国历史上，传于后世的文献典籍本来应该是很多的，可是由于后代多兴兵火，多生战乱，以至于众多史籍终于湮灭无闻，从而为我们后人解读历史带来了严重的困难和障碍。然而值得庆幸的是，由于历朝历代重视史籍的保管传续工作，以至于有重要典籍终于得以奇迹般地流传到今天。只是，这需要后人一双善于发现的眼睛，再加一点点运气，长沙走马楼的三国竹简之被发现，就是其中非常著名的一例。

据闻，1996年，长沙市文物工作队对长沙市中心五一广场东南侧走马楼建设区域内的古井窖群进行了抢救性发掘，其中发掘古井窖50余口，出土各类文物3000余件（册）。在众多出土物中，尤其以编号为J22的古井窖中出土的一批简牍最为引人注目。堪称我国考古史上的一件大事。

首先，简牍的数量极其惊人。自20世纪以来，古代简牍在全国各地不断被发现和发掘，据不完全统计，以往出土简牍总数为10万枚左右。较大宗者如居延汉简3万枚、敦煌汉简2万余枚，数千枚者有银雀山汉简、云梦睡虎地秦简、阜阳汉简、张家山汉简、慈利楚简等，而长沙走马楼这次发现的简牍，数量在14万枚以上，其中约10万枚可加以辨识。在一个地点一次发现如此巨大数量的古代文献，自然是十分罕见的。

其次，这批简牍所记载的年号目前发现最早的是东汉献帝建安二十五年（公元220年），最晚的是吴孙权嘉禾六年（公元237年），简文中涉及许多三国时期著名历史人物，有步骘、诸葛瑾、吕壹、陶璜等，可与《三国志》记载相印证。因此可以确证，简牍的书写时间大约在东汉末年至三国时期。这就是这批竹简的突出价值所在。

三国时代的文献史料，由于战乱的原因传之后世的极少。西晋史学家陈寿所撰《三国志》仅具纪传而无志表，其后虽有南朝史学家裴松之为之作注，清人洪亮吉、杨晨、谢钟英、洪饴孙、卢弼等人为之辑补，亦难完备，是因为其年代过于久远。历年来，三国简牍仅在安徽、江西、湖北出土了几十片，除数枚遗册外，大都是名刺、木谒之类，内容简单，价值有限。20世纪初以来，吐鲁番及敦煌曾出土六种《三国志》写本残卷，虽然其中五种属于吴书，但其史料价值并不大，可谓遗憾。而此次长沙走马楼出土的三国吴纪年简牍，却具有多方面的学术价值。仅从目前整理的一少部分看，其内容包括赋税、户籍、仓库管理、钱粮出入、军民屯田、往来书信等，即涉及社会、经济、政治、法律各个方面，被认为属于吴长沙郡府、临湘县及临湘侯国的文书。由于其出土地点集中，又为同一政区内同一时间段内多种性质的文书，所以即可据此进行一个政区内社会基本情况的历史复原研究。而这种研究，对于了解长沙郡、吴国的历史都具有十分重要的价值。

谈到这里，或许有人不禁会问了：这么重要的文书资料，为何会被置埋于井窖内？经有关人士与专家分析，一种意见认为，从简牍埋放的形式看，可能与三国时期的频繁战争有关。西晋咸宁六年（公元280年），晋帝司马炎举兵伐吴，最后兵临吴都建业，吴主孙皓自缚乞降。此时人心惶恐，地处偏远的长沙郡府官员可能有意将此批籍册塞埋，含有改朝换代或伺机东山再起之意。另一种意见认为，按照古代档案的管理制度，对早期的、过时的一般性档案文书，若干年后便要进行处理。居延及敦煌汉简中也曾发现此类现象，不少残简或被当作柴薪使用，残留于灰烬之中；或粘有粪屎，被弃置厕中。因此，将简牍埋入井窖之中极有可能是吴国长沙郡府的官员对早期文书的一种处理方式。

总之，此有心之举为我们后人系统地研究三国尤其吴国历史提供了难得的原始材料保证，实属幸事。

赤壁大战之谜

三国时期的赤壁大战虽已过去1800多年，但仍然充满着无数谜团。

一、决战于十一月，还是十二月

赤壁大战发生于建安十三年（公元208年），《后汉书》、《三国志》都有明确记述，这是无可置疑的。但是对于大战的决战时间，却存在着争议。就目前看到的资料而言，主要有两种观点：一种是曹军是在建安十三年十月开始自江陵进军，决战发生在当年十一月十三日，当前史学界普遍认可这一观点。另一观点则认为赤壁决战应该是在建安十三年十二月间。那么，这两种观点各有什么证据，哪个更准确、更合理呢？

据《后汉书·献帝纪》记载："建安十三年冬，十月癸未朔，日有食之。曹操以舟师伐孙权，权将周瑜败之于乌林、赤壁。"正史记载，十月初一是癸末日，并且当天发生了日食。两个史料对照，说明这一记载应该不会有错，就是说赤壁大战开始于十月间。

可是在《三国志·吴书·吴主传》和《魏书·武帝纪》中，虽然也都记载有赤壁之战和孙权攻合肥之事，但两处的记载互异，特别是孙权攻合肥和赤壁大战哪个事件发生在前，一直存有争议，而这两个事件发生的前后，对于弄清楚赤壁决战的时间是十分重要的。我们不妨将这两种记载摘录如下：

据《吴主传》载："（周）瑜、（程）普为左右督，各领万人，与备俱进，遇于赤壁，大破曹公军。公烧其余船引退，士卒饥疫，死者大半。备、瑜等复追至南郡，曹公遂北还，留曹仁、徐晃于江陵，使乐进守襄阳……权自率众围合肥，使张昭攻九江之当涂。昭兵不利，权攻城逾月不能下。曹公自荆州还，遣张熹将骑赴合肥。未至，权退。"

据《武帝纪》载："十二月，孙权为（刘）备攻合肥。公自江陵征备，至巴丘，遣张熹救合肥。权闻意至，乃走。公至赤壁，与备战，不利。"

对于这两则记载，东晋史学家孙盛认为："按吴志，刘备先破公（曹操）军，然后（孙）权攻合肥，而此记（即《武帝纪》）云权先攻合肥，后有赤壁之事。二者不同，吴志为是。"这种说法对后世影响极大，按照孙盛所说，以吴志为准，赤壁大战在孙权攻合肥之前，也应该是十二月之前。《资治通鉴·汉纪五十七》中也按这种说法，把赤壁之战的时间界定在十月间。《三国演义》中则叙述，诸葛亮于十一月二十日夜"借"来了东南风，黄盖因此才于次晚在乌林江边放火烧毁曹船。正是基于以上史料的记载，后世的诸多史学家在史学著作中，也大多把赤壁之战的时间定为十月，决战于十一月十三日。比如翦伯赞主编的《中外历史年表》中记为十月；《中国历代战争概览》（军事科学出版社，1994年）更是明确记载：（曹操）于建安十三年（公元208年）十月亲自率军二十万，战舰千艘，顺江东下……采用黄盖诈降之计，于十一月十三日以蒙冲战舰10艘，火攻曹军水寨……这一观点是目前史学界普遍流行的观点。

但是反对者大有人在，他们从多个角度分析认为，赤壁大战应该发生于建安十三年十二月，从而对十月赤壁之战开始，决战于十一月十三日的观点提出了挑战。

他们认为孙盛所说赤壁之战在孙权攻合肥之前，即"十二月"以前的看法值得商榷。通过对前面两段记载分析可以看出，张熹救合肥一事究竟以哪种说法为准是问题的关键。关于张熹救合肥一事，在《蒋济传》中也有详细的记载："建安十三年，孙权率众围合肥。时大军征荆州，遇疾疫，唯遣将军张熹单将千骑，过领汝南兵以解围，颇复疾疫。（蒋）济乃密白刺史伪得熹书，云步骑四万已到雩娄，遣主簿迎熹。三部使赍书语城中守将，一部得入城，二部为贼所得。权信之，绕围走，城有得全。"将这段记载与《武帝纪》对照，我们可以知道，孙权攻合肥是为了配合赤壁之战的战略行动，其目的是为了牵制曹操的兵力。此举果然奏效，曹操果然派张熹率"汝南兵"救援合肥。但是，因为张部"颇复疾疫"，没能及时赶赴合肥，使得孙权得以"攻城逾月"，并在确信达到目的后才撤走。由此可见，孙权攻合肥的目的是为了配合赤壁之战，所以时间应该在赤壁大战前。据上述记载，在孙权围攻合肥的时候，曹操已经从江陵出发，开始征讨江东的战争。这是建安十三年的十二月，可见，赤壁之战的时间也一定在十二月。

另外，从曹操大军的行军时间来看，曹操于建安十三年七月南征刘表，九月入荆州，进军江陵。为了巩固后方，进一步扩张势力，曹操到江陵之后做了一系列存恤和招降纳叛的工作。比如，得知刘备已经南逃的消息，于是放弃辎重，带领轻军（包括步兵和骑兵），进军襄阳；进入襄阳，接受刘琮的投降，召见投降的文武大臣；带领俘获的刘备部众，自当阳开进江陵，江陵刘琮驻军投降；"及平荆州，自临江迎表，改葬于江陵，表为先贤也。"整顿投降的水军部队，准备战船、粮草等作战物资。这一系列活动都是需要时间的。曹操还派蔡瑁、张允训练水师也是需要时间的，曹操在给孙权的劝降信中自夸"治水军八十万"，这也说明他正在对北方来的军队进行新的编制和训练，以适应水战。因此，从当时的情况看，曹操进行两个多月的战前整顿和训练是完全可能的。相反，作为一位杰出的军事家，九月份刚占领江陵，不进行必要的准备，就仓促和孙刘联军开战倒是不太可能的。所以，从军事角度分析，建安十三年十二月进行赤壁决战是比较合情合理的。

还有，《三国志·魏志·武帝纪》中载，赤壁之战前周瑜对孙权分析形势时，有"方今盛寒，马无藁草"之语。"盛寒"之语无疑说明正是隆冬季节，由于长江流域的农民靠柴草举炊，原来储存的禾秆、芦苇，特别是稻草必已所剩无几，人尚难以熟食，曹操的战马更是缺少饲料了。这一记载也可证明后来赤壁决战时间必在隆冬季节了，因此十二月间也尤为可信。

上面两种争论由来已久，前一种观点为多数史学家所认可，目前占据优势地位，而后一种观点却也言之有理，大有后来居上之势。孙权攻打合肥究竟在赤壁大战前还是后，赤壁决战究竟是在当年十一月还是十二月？在史学界没有取得定论之前，仍是赤壁大战留给我们的历史疑案之一。

二、究竟是哪个赤壁

赤壁之战的古战场究竟在什么地方，自南北朝以来就众说纷纭，形成了湖北汉川、汉阳、武昌、黄冈、嘉鱼、蒲圻（今赤壁市）的著名六赤壁说。

不过，经过学术界长期的争论，前三种说法已经基本被排除，倒是后三种说法至今仍然争论不休。

认为嘉鱼县东北赤壁是真正的赤壁古战场的说法主要源于《水经注》的记载。《水经注》说："赤壁山在百人山南，应在嘉鱼县东北，与江夏接界处，上去乌林二百里。"《水经注》的作者郦道元生活于北魏年间，距离三国不远，并且治学一向严谨，这一记载应该比较可信。但是，这种说法认为"赤壁、乌林相去二百里"，与史实记载悬殊甚大，自产生起，就遭到了不少人的质疑。比如，南宋著名地理学家王象之在《舆地纪胜》中指出：据《水经注》，"则赤壁、乌林相去二百余里。然疑乌林、赤壁一战相继，乌林之捷，又自赤壁始。及观《江表传》：赤壁败后，黄盖与操诈降书贻操，以寡不敌众。交锋之日，盖为前锋。至战日，盖使用火攻之策，操乃败走"。认为"赤壁、乌林相去二百里"，而这两次战役是接连发生的，这一记载很值得怀疑，王象之在该书中对赤壁山的具体地点采取了存疑的态度。然而，到了清朝末年，著名地理学家杨守敬却再次肯定了《水经注》上的说法，认为嘉鱼县东北赤壁是赤壁大战的古战场。《大清一统志》中也说赤壁"在嘉鱼县东北江滨"，谓"按《水经注》，赤壁山在百人山南，应在嘉鱼县东北，与江夏县接界处，上去乌林且二百里"。可是，今天学者分析认为，这种说法虽把赤壁定位在长江南岸，但与《三国志》记载的曹军与孙刘联军相遇于赤壁，初战不利，曹操引军驻于江北乌林，周瑜、刘备驻南岸赤壁，两军形成南北对峙之势不符。因为赤壁大战后，两军马上就形成了隔江对峙之势，不可能再沿江跑到二百里外，摆开对峙。其次，当时侦察、通讯工具都不发达，如果两军相距两百里，周瑜、刘备又怎么可能及时了解曹军的情况，抓住战机呢，黄盖又怎能用火突袭曹军？正如有的学者指出的那样："如果相距二百余里，当时的木船要行驶几天才能由武昌的赤壁到达乌林。在这种情况下，孙刘联军全军在江上行驶数天，岂不暴露目标？黄盖诈降岂能成功？要等待风势发动火攻，岂不贻误战机？"由此可见，嘉鱼县东北赤壁很难说就是赤壁大战的古战场。

认为黄冈赤壁是真正的赤壁古战场的观点是基于以下几点考虑的：首

先,北宋许端夫在《齐安拾遗》中最早记述这里为赤壁大战之赤壁;随后,大文学家苏轼被贬为黄州团练副使时,曾两次夜游黄冈(古黄州)赤鼻矶下,更把这里视为赤壁古战场而借古抒怀,写出了著名的前、后《赤壁赋》以及《赤壁怀古》词。苏轼的二赋一词空前绝后,影响深远,加之苏轼博览群书,知识渊博想来不会有错。正是由此这种说法广为流传,大行于天下。其次,据《三国志·吴主传》所载:"当初,曹操一面使人持檄于东吴,一面挥师东下。"当孙权"最终决意逆操,命周瑜率军启程,其时曹军东下至少十天了","二军只可能在夏口一带相遇"。苏辙《赤壁怀古》诗云:"新破荆州得水军,鼓行夏口气如云。千艘已共长江险,百战安知赤壁焚。"夏口正是今天黄冈一带,所以赤壁之战应该在黄冈。再者,《三国演义》中波澜壮阔、扣人心弦的赤壁大战,也是将地点定在黄州的。有人据此认为,罗贯中不可能凭空捏造赤壁的所在地,这正是他"尊重历史,忠于陈寿原意"之故。不过这种观点受到了普遍质疑。

首先,说苏轼在二赋一词中说黄州赤鼻矶为"三国周郎赤壁"是不成立的,因为在《赤壁怀古》词里,苏轼写得很明确:"故垒西边,人道是,三国周郎赤壁。"就是说这个"故垒西边"的黄冈赤鼻矶,听当地人传说是"三国周郎赤壁",而不是自己考证后确定的。南宋赵彦卫在《云麓漫钞》中也说:"东坡黄州词云,'人道是,三国周郎赤壁',盖疑其非也。"就是说苏轼的《赤壁怀古》就是在听了当地人传说后而作的,所以把它作为考证的论据可见是不合适的。

其次,《三国志》所有纪、传及裴注,都没有曹军曾攻占夏口或越过夏口的记载,亦没有坐镇夏口的江夏太守刘琦败走之事。曹军既未到过夏口,赤壁之战的地点不可能在黄冈赤鼻矶一带。特别是《三国志》中明确记载赤壁在长江南岸,黄州赤壁却在长江北岸,也证明了赤鼻矶不是赤壁大战之赤壁。南宋李壁就在诗中写道:"赤壁危矶几度过,沙羡江上吁嵯峨。今人误信黄州是,犹赖《水经》能证讹。"明胡王圭在《赤壁考》中也说:"苏子瞻适齐安时,所游乃黄州城外赤鼻矶,当时误以为周郎赤壁耳。"他着重指出:"东坡自书《赤壁赋》后云:'江汉之间,指赤壁者三:一在汉水之

57

侧，竟陵之东，即今复州；一在齐安县步下，即今黄州；一在江夏西南二百里许，今属汉阳县。'按《三国志》，操自江陵西下，备与瑜等由夏口往而逆战，则赤壁非竟陵之东与齐安之步下矣。又赤壁初战，操军不利，引次江北，则'赤壁'当在江南，亦不应在江北。"该说极为正确。

再者，假设赤壁、乌林大战的地点在今黄州赤壁的团风镇，那么，曹军既败，就应向北逃回许都或向西北退保襄阳，何必要跑到西南的华容道呢？王象之在《舆地纪胜》卷79《汉阳军·景物上》中就清楚地指出了这一点，说："黄州之说盖出于《齐安拾遗》以赤鼻山为赤壁，以三江下口为夏口，以武昌县（本鄂县，建安二十五年孙权改名）华容镇为曹操败走华容道，其说尤谬。盖周瑜自柴桑至樊口，后遇于赤壁，则赤壁当在樊口之上。今赤鼻山址在樊口对岸，何待进军而后遇之乎？又赤壁初战，操军不利，引次江北，而后有乌林之败，则赤壁当在江之南岸。今赤鼻山乃在江北，亦非也。又曹操既败，自华容道走，退保南郡。汉南郡，今江陵；华容，今监利也。武昌华容镇，岂（当）赤壁、南郡路乎？东坡《赤壁赋》中皆疑似语，未可为证。"元、明、清时期，地理考据学家均从王象之意见，故称黄州赤鼻山为"东坡赤壁"，以与三国赤壁区别开来。

最后《三国演义》作为小说，并非信史，虚构的地方很多。与《三国志》比较，好多地方都没有尊重历史，有失实的嫌疑，它的许多难以自圆其说的漏洞正好反证了赤壁之战的地点不在黄冈赤鼻山。由此看来，黄州赤壁被称为"文赤壁"当之无愧，但是把它说成是一战定乾坤的"武赤壁"战场，却颇有争议。

认为蒲圻县（今赤壁市）西北赤壁是赤壁大战之赤壁的说法最早见于唐初。《后汉书》卷74下《刘表传》："操后败于赤壁。"李贤注云："赤壁，山名也，在今鄂州蒲圻县。"杜佑在《通典》卷183鄂州蒲圻县下注云："后汉建安中，吴王孙权破曹公于赤壁，即今县界。"又在岳州巴陵县下注言："《括地志》云：……鄂州之蒲圻县有赤壁山，即曹公败处。按《三国志》云……曹公进军江陵，得刘琮水军船步数十万，自江陵征备，至巴丘，遂于赤壁。孙权遣周瑜水军数万，与备并力逆之。曹公泊北岸。瑜部将黄盖诈降，战舰数千艘，因风放火。曹公大败，从华容道步归，退保南郡。备、瑜等复追之。曹公留曹仁守江陵城，自径北归。"李吉甫在《元和郡县图志》卷7《江南道三》鄂州蒲圻县下说："赤壁山，在县西一百二十里，北临大江。其北岸即乌林，与赤壁相对。即周瑜用黄盖策，焚曹公舟船败走处。故诸葛亮论曹公，'危于乌林'是也。"因为蒲圻赤壁山的地形与《三国志》所载赤壁大战当时的地形基本一致，所以后来的地理志书多采用了这一点。

尤其是近代以来"蒲圻赤壁"说更加受到史学界的普遍认可，其主要根据是：《三国志》中对曹军的进军路线是这样记载的："建安十三年，秋七月，公到新野，琮遂降，备走夏口；公进军江陵……公自江陵征备，至巴丘（即岳阳）……公至赤壁，与备战不利。"就是说当年曹操南下的进军路线是：新野—襄阳—当阳—江陵—赤壁。曹军在长江南岸的赤壁初战失利，退屯江北的乌林；后在乌林遭火攻而大败，由华容道逃奔江陵（今湖北荆州市）。今天的蒲圻赤壁、洪湖乌林和华容古道（位于湖北监利东北），与《三国志》记载的赤壁大战中曹军退兵江陵的路线、地形、方位基本一致，所以有人坚信蒲圻县西北赤壁说是正确的。

另外，自宋代以来，在蒲圻赤壁、洪湖乌林的岩缝、地下发现了大量赤壁大战时的折戟、断枪、箭镞等。比如南宋诗人谢枋得在《赤壁诗序》中曾说："予自江夏溯洞庭，舟过蒲圻，见石崖有'赤壁'二字，因登岸访问父老曰：'乌林有烈火岗，上有周公瑾庙地。今土人耕地得箭镞，长尺余，或得断枪折戟，其为周瑜破曹军处无疑。'"1976年，在赤壁山下，考古学家挖地一米多深后，发现了许多沉船上的铁环、铁钉、东汉铜镜等物；在赤壁山上，考古学家也有所发现，比如铜、铁、玉带钩等；赤壁对岸的乌林，1973年出土了东汉晚期的铜马镫一件，印有东汉献帝"建安八年"的瓦砚一台，并有东汉铜镜、陶瓷器和箭镞等。迄今为止，在这一带出土文物中属于赤壁之战的戈、矛、剑、戟、刀、镞、等铁制兵器已达千余件。从宋代迄今不断出土的实物资料来看，蒲圻西北最有可能是真正的古赤壁战场，这也是蒲圻，如今被命名为"赤壁市"的原因。不过，这一观点也并非最后定论，

59

对此仍有不少学者持否定态度，赤壁大战的地点之争也仍在继续。

三、败于火攻，还是另有原因

在赤壁大战中，拥有绝对优势兵力的曹操，怎么就被孙、刘联军彻底击溃于乌林了呢？对此，众多历史学家大为不解，纷纷就曹操败北的真正原因进行了多方考证。

《三国演义》中周瑜在战前预见性地指出了曹军败北的不利条件：一是曹操占有的"北土既未平安，加以马超、韩遂尚在关西，为操后患"；二是曹军"舍鞍马，仗舟楫，与吴越争衡，本非中国（中原的意思）所长"；三是彼时正值"盛寒"，马无草料，会成群饿毙；四是北方士兵远涉江湖之间，不习水土，必传染疾病。裴注引《江表传》还记有周瑜曾向孙权指出曹操征刘表之军"已久疲"，而他收编的刘表旧部"尚怀狐疑"云云。这就是说，曹操还有"以疲病之卒，御狐疑之众"的劣势。由于一场战争的胜负是有多种因素共同起作用的结果，所以曹操败北的原因以上的分析都是有道理的，这一点是史学界共同认可的。那么在此基础上，曹操兵败的主要原因究竟是什么呢？

传统学术界一般认为是孙刘联军采用"火攻"的策略最终导致了曹操的大败。《三国志·蜀书·先主传》载："权遣周瑜、程普等水军数万与先主并力，与曹公战于赤壁，大破之，焚其舟船。"司马光在《资治通鉴》中也说，黄盖"乃取蒙冲斗舰十艘，载燥荻、枯柴，灌油其中，裹以帷幕，上建旌旗，预备走舸，纱于其尾。去北军二里余，同时发展，火烈风猛，船往如箭，烧尽北船，延及岸上营落"。《三国演义》中更是将黄盖诈降、庞统献连环计以及诸葛亮借东风等细节描写得扣人心弦，最后自然论证出曹操主要是兵败于火攻之上。今人分析认为，曹操下令把战船连接在一起，最后导致联军"火攻"，是其水军葬身火海的主要原因。比如《周瑜传》云"权遂遣瑜与程普等，与备并力逆曹公，遇于赤壁。时曹公军众已有疾病，初一交战，公军败退，引次江北，瑜等在南岸。瑜部将黄盖曰：'今寇众我寡，难以持久。然观操军方连船舰，首尾相接，可烧而走也。'乃先书报曹公，欺以欲降……"因而可以肯定，火攻是曹操水师战败的主要原因，但是水师的战败是否等同于全军的战败呢？能因此而断定整场战争的最后失败也是由于火攻吗？

正是基于对传统火攻论的质疑，近些年来，有的学者提出了一种全新的观点，认为曹操的败北，最主要的原因是因为军队遭遇到了空前的疾病瘟疫，导致战斗力丧失，具体来说是由于血吸虫病导致了曹操的惨败。

首先，从史料记载看，《三国志·魏书·武帝本纪》中并未提到赤壁之战中孙、刘采用火攻之事。据载："（建安）十三年，秋八月，公南征刘表……至赤壁，与备战不利，于是大疫，吏士多死者，乃引军还。"就是说曹公到了赤壁，与刘军大战，不占上风。后来发生瘟疫，士兵大部分都死了，不得已带领部队回去了。又据《武帝纪》裴注引《江表传》："周瑜破魏军，曹公复书与权曰：'赤壁之役，值有疾病，孤烧船自退，使周瑜虚获此名。'"也明确表明正是由于严重的瘟疫疾病，导致了曹军大败，却因此使周瑜获得了虚名。而曹操所说并不是唯一凭证，《吴书·吴主传》中也有"瑜、普大破曹公军，公烧其余船引退，饥疫死者大半"的记载，就是说对手也承认曹操自己曾有烧毁战船之举，曹兵因"饥疫"而死者有大半之多。可见意外的烈性传染病是曹操失败的客观原因和主要原因。

其次，1981年《中华医史杂志》和《文汇报》均曾载文，认为是血吸虫病导致了曹操的失利。从史料记载看，我国很早就存在血吸虫病。远古的《周易》卦象中就有"山风蛊"的病症记载，所指就是血吸虫病；现今，研究者在出土于1973年的长沙马王堆一号墓中的女尸肠壁及肝脏组织中也发现了大量血吸虫卵。由此不难看出，早在汉代，长沙一带就有血吸虫病，并且从资料上看，展开赤壁之战的地区，尤其是湖南湖北一带，正是血吸虫病发区。从时间上来说，血吸虫病的流行季节正好是曹军迁徙、训练水军的秋季。身居北方、以陆军为主的曹军猛地转入南方转而为水军，染上此病也是不足为怪的。现代医学说，血吸虫的潜伏期仅为一个月，一个月后就会使感染的病人出现急性症状。曹军就是在训练时期染上此病，在决战时期进入急性期的，所以曹军才会变得不堪一击，遭此重创。

可是出于同样的条件，孙刘联军为什么没染上血吸虫病呢？道理很简单,因为免疫力不同。孙刘联军本身就长期居于南方,体内对血吸虫病已经产生一定的免疫力,即便染病,也是慢性的。

这种观点的提出产生了巨大的影响,同时也引起了史学界新的争论。有人认为曹军败北的原因是多方面的,至于"疫病如何,更有待考查"。《新医学》1981年11期与1982年5月25日的《文汇报》刊登的季始荣《曹军兵败赤壁是由于血吸虫病吗?》一文,就这个问题提出了质疑:

曹操训练水军的地点据载并不在血吸虫病流行的疫区,而是在黄河以北的邺（今河南安阳县境）,那里没有血吸虫病,时间又是春正月,气候寒冷,不可能感染血吸虫病。为了追赶刘备,曹操途经江陵可能会在那里停留较久,可是就因为这一点就说曹军染上了血吸虫病,恐怕就没有道理了。首先江陵不是水军基地；其次,曹军驻留江陵是晚秋时节,这种时候感染血吸虫病的机会是极少的。据史料记载,曹操水军除自己在邺所培训外,大部分收编自刘表余部,这些士兵大多是湖北、湖南人,世居于血吸虫病流行区,与孙刘联军的免疫力没有什么差别。另外,刘璋补充给曹操的兵卒多为四川人,同样来自血吸虫病疫区,也有一定免疫力。由此,认为曹操和孙刘联军的免疫力强弱不同,患病轻重不同,是不值得商榷的；血吸虫病潜伏期一般在一个月左右,极少数在两个月以上。潜伏期越长,发病的症状也就越轻,所以即使曹军在秋季患上了血吸虫病,十二月发病的几率应该很小。至于说因此而引发许多官兵同时发病,导致军事上全线败退,那就更难想象了。

对此,湖北大学人文学院的张国光先生认为不是血吸虫病而是流行性脑膜炎导致曹军战败。因为流行性脑膜炎多流行于冬春之际,一旦爆发,传播速度极快,并且在当时的医疗条件下,一旦感染此病必死无疑。当然这一观点仍需进一步论证。

总的来说,赤壁曹军败北的主要原因,火攻论不可尽信,血吸虫病说也有缺陷,流行性脑膜炎的说法也需进一步论证。因此曹操赤壁败北的主要原因至今仍是难解的历史之谜。

大清国号源起之谜

1636年皇太极易"金"为"大清",那么,这是怎么来的呢?

据说,当年努尔哈赤落难的时候,骑了一匹马逃难,这匹马是青色的马,因为后面追兵追得很急,努尔哈赤骑着马昼夜逃跑,结果把这匹大青马累死了,努尔哈赤对着大青马就说:"大青啊大青,将来我得了天下,我的国号就叫'大清'"。"当然这个清是谐音了,这是个传说的故事,大家不必当真。至于清朝为什么叫"大清"?其来源与含义在《满文老档》、《满洲实录》、《清太宗实录》等官书中均未作任何记载,虽然学界有着种种说法,但是仍然为一个历史之谜。

△ 努尔哈赤画像

目前史家大致从这几个角度来探讨这一问题。其一,是联系当时的政治、军事、文化、民族形势,考虑到皇太极建大清为国号的同时,采汉式尊号、用汉式年号、上汉式谥号,以及制定汉式皇帝仪仗、冠服,甚至祭祀孔庙等等的情况,则汉式国号"大清",取义自然应该是本于汉族经典,合乎汉族传统文化,顺乎汉人一般的思想观念。

由这一思路出发,"大清"在气势、含义等方面,应该压住了"大明"。由此而发的关于大清国的"大清"的诸种猜测主要有以下几个：一、有的人从文义上释"清"为"扫清廓清"之义；二、而最易见出的，"明"属火，明国姓"朱"色赤，赤为火色；而"清"、"满洲"（新定族名）三字都带水。此符合五行相克说之水克火，寓清灭明的吉祥之兆。又原国号"金"，以五行论，犯火克金的忌讳，皇太极之废"金"，可能这也是一个原因；三、就为政而言，"清"可以表示王者的风范，王政的理想。"清平"即太平，"清时"即太平盛世，"清晏"即清静安宁，"永清四海"即天下永远安宁。又有"清明"一词，尤其值得注意。《诗·大雅·大明》："肆伐大商，会朝清明，"《礼记·孔子闲居》："清明在躬，气志如神，"《礼记·玉藻》："色容厉肃，视容清明，"都是"清"在"明"前，"清"居"明"上。

综上所作间接的推测，可以断言：就汉文化系统言，皇太极所以命名国号为"大清"，在于"大清"的气势、含义的确压住了"大明"。

那么，在女真或满洲方面，"大清"的来历及意义又有什么说法呢？依据众多学者的研究，答案是这样的。日本人市村瓒次郎指出："金与清在北京音稍有相近，金为jin之上声，清为qing之去声。北京人可明确区别开，然外国人则颇易混同。"有学者肯定了这一看法，认为："清即金之谐音，盖女真语未变，特改书音近之汉字耳。"亦有专家认为，"清"与"金"为一音之转，这两个汉字在写法上虽异，而在满语里发音却无差别。他说："抚近门款识汉文之大金，满文却即系后来通用之大清。因知太祖称国号为金，至太宗改号清，不过改汉字之写法。其实满人读金、清同音，改号乃改汉并不改满，汉文之大金，称至崇德元年（1636）四月以前为止，满文之大金，终清世未有异也。"《清代全史》也附和说：大清为大金近音字。太宗之所以坚持更定国号，是因为"金"曾激起汉族人民的仇怨太深，不称"金"可以减少他们对清朝继续扩张势力的阻挠。再则，这是太宗已定下入主中原之策，原来的金朝最多统治半个中国，太宗要建立全中国的一统天下，为适应政治上的需要，更定国号为"大清"，它是太宗重定国号的又一动机。

以上观点基本上是从汉语角度来解释的，又多把"金"转换为"大清"

再予以分析的。但是既然清朝官书没有记载"大清"之事，说明它不是文馆的文官、举人们所承拟的，因为他们的建议一般记录在册。因此，有学者认为："大清"这一国号并非来自汉语，也不是满语固有词，可能是满语中的一个蒙古语借词，即"代青"（deicing）。因此，大清国的意思应为"上国"（"至高无上之国"），或"善战之国"。其根据如下：

其一，"大清"不是汉文"大金"的一音之转。因为汉文的"大金"与"大清"的写法、读法不一样，满文"大金"与"大清"的写法、读法也不一样。大金的满文为isin guru，而大清的满文为dmba deicing gurun。

其二，皇太极对满语等满族文化情有独钟，不愿放弃，故很难推想他会以汉语命名其国家。天聪八年（1634），皇太极曾下令"事不忘初"，将其统治下的后金官名、城邑名一律改成满语。时隔仅两年，他用汉语来命名其新政权的可能性不大，而用满语的可能性较大，但满语中又无deicing这一固有词汇，只有蒙古语借词deicing。所以，大清国号，实源自蒙古语。

据以上清史研究专家的论断，各有其理，又互为补充。以此可见，1636年皇太极易"金"为"大清"，可谓是各种内、外因素共同作用的结果。就主要的内部因素言，"金"国号已不足以规范其未来的发展，更不利于安抚其已统辖的汉、蒙民族；以关键的外部因素论，"大清"国号合乎"大元"、"大明"取号的传统，气势、取义更胜过"大明"。

顺治元年（1644）五月二日，在他去世仅仅八个多月以后，其十四弟多尔衮便率领着由满、汉、蒙三方组成的大清军队，顺利地开进了大明京师（今北京）；又过了仅仅四个月，其六岁的九子福临便已端坐在大明的金銮宝殿之上，并于十月一日举行了隆重的定鼎登极大典。随着残明永历帝于顺治十六年（1659）逃入缅甸，大清顺治帝福临便正式成了九州共主，"大清"也正式成了天下共号。

65

嘉庆继位之谜

乾隆二十五年（1760）十月初六日凌晨，清王室的又一位皇子诞生于御园之天地一家春，他就是后来受禅嗣位、对清代历史有一定影响的嘉庆帝。

在乾隆诸子中，嘉庆排行第十五，很长的一段时间里，他在人们的心目中是一个不显眼的十五阿哥。他在日后登上皇帝宝座，得以承继父祖辈叱咤风云的事业，却是人们始料不及的。

首先是行次问题，这对于承继帝位是至关重要的。乾隆共有十七个儿子，而嘉庆却排在第十五位。这个行次，无论怎么算都是靠后的，如果按照汉族历代王朝传统的建储法，凭这一行次要想登上皇帝的宝座，其希望实在是微乎其微，除非是发生了某种特殊的事变。当然，满族有自己的规矩，清王室在承继帝位问题上，并没有完全遵循汉族王朝的框框套套，事实上清太宗皇太极、清世祖福临、清圣祖玄烨、清世宗胤禛、清高宗弘历的继位，都不是由于居长、居嫡所致。但也不能因此得出结论说，居长居嫡在清代帝位继承上无关紧要，只不过是清王室并没有把这个问题绝对化而已。其中也有实力的问题，如皇太极虽说是努尔哈赤的第八子，却凭一人独掌两黄旗的雄厚实力，倾倒其兄代善、莽古尔泰等而继承汗位；有两强相争，第三者得利的，如年仅六岁的皇九子福临，在皇太极死后，由于多尔衮和豪格两强相争不下，才得以被拥戴为帝；有直接参与争夺的，如康熙的第四子胤禛的继位；也有某种偶然性因素起作用的，如玄烨之受祖母孝庄皇太后的喜爱，弘历则因几位兄长或早逝、或品行不端而得获帝位。

现在再回过头来看看嘉庆的处境。在他出生之前，乾隆已经有过十四个皇子，但说来也怪，这些天之骄子并没有获得皇天的特别眷佑，其中大部分是"天命不济"，十四位兄长竟有八位过早夭折，卒年大的只有二十五六岁；小的仅有几个月，这种情况对于嘉庆是"祸"是"福"关系甚大。又因为乾隆的立嫡的观念，较之乃祖康熙更是有过之而无不及，所以有关嫡子的情况，就显得更为重要了。

乾隆嫡子有二。其一是皇次子、嫡长子永琏，生于雍正八年（1730）六月，生母是当时的嫡福晋、其后的孝贤纯皇后富察氏。据说这位正宫娘娘为人贤淑，性尚恭俭，"平居以通草绒花为饰，不御珠翠。岁时以鹿羔毵为荷包进上，仿先世关外遗制，示不忘本"。所以乾隆对她甚是宠爱，再加上喜得嫡子，于是母子二人在宫中所处的地位，除乾隆生母孝圣皇太后外，其他任何人都是无法与之相比

△ 乾隆皇帝画像

的。只是由于他没有福气，只活了九岁，在乾隆三年（1738）十月病死了。乾隆的第二个嫡子，是皇七子，生于乾隆十一年（1776）四月，只活了一年零八个月，于乾隆十二年（1747）十二月因出痘去世。两位嫡子的早逝，使乾隆立嫡的愿望受到了沉重的打击。乾隆十三年（1748），皇后富察氏去世，使乾隆的立嫡想法完全绝望了。

嘉庆先后有八位兄长的早逝，对于他日后的嗣位，无疑是关系甚大。嘉庆出世时，按顺序虽说"升"到了第七位，但其嗣承大位的希望，仍是微乎其微的。事态将如何发展，就得半靠机遇，半靠自我奋斗了。

嘉庆在初时之所以不大显眼，还有另外一个重要因素，就是生母后台不太硬。在封建时代，一般来说是"母凭子贵"，但反过来说，母亲的地位及影响，有时也对儿子的命运和前途起着决定性作用，这在宫廷生活中是屡见不鲜的。他的生母魏佳氏，既无特殊的本领，又无任何特殊的背景。她的父

△ 嘉庆画像

亲清泰，只是个不入传的内管领，其家本属汉军，其后才抬入满洲旗。魏佳氏入宫后，也只是个很一般的贵人，直到乾隆十年（1745）才封为令妃，这与同时期众多的后妃相比，显然是低格的。嘉庆在长达三十六年的皇子生活中，从来未有提督师旅、征战四方，因而谈不上有什么战功；也从未督官临民、治理政务，自然也谈不上有什么政绩；就连乾隆十分频繁的巡游天下，除每年例行的秋狝木兰外，嘉庆侍随的机会也屈指可数。所以无论从哪一个角度看，皇子时代的嘉庆，确实是一位不大显眼的十五阿哥。

清朝前期的皇帝，在继位之前都有不同的经历，大体上有以下几种类型：

一是清太宗皇太极，他过的是戎马生涯，无论在称帝前还是在称帝后，都在统帅八旗，奋战疆场，他的皇子时代，可说是除了战斗还是战斗，这是当时的历史条件所决定的。

二是世祖福临和圣祖玄烨，他们都是幼年承继大统。福临即位时年仅六岁；玄烨即位时也只有八岁，所以他们的皇子生涯，既短促又简单，他们的才干预智慧，都是在做了皇帝之后才表现出来的。

三是世宗胤禛，他的皇子时代特别长，直到四十五岁才得以继承帝位，其活动内容也相当广泛，有学习生活、随帝巡视、参与军政决策、督师从征、审理案件等，但更多的是直接参与争夺帝位的斗争。而所有这些活动，对于日后称帝都是很有帮助的。

第四就是高宗弘历了。他的皇子时代，与上述诸帝大不相同，基本上是过着书斋生活，嘉庆帝和高宗弘历的经历很相似。三十多年的书斋生活，虽说是漫长的，但对他来说却是十分有益的。嘉庆相当聪敏，就拿读经来说，六岁入学，十三岁即通五经，这就很不简单了。难怪乾隆在他通经后的第二年，即乾隆三十八年（1773），就遵用密建家法，把他内定为皇储，又是祀天，又是祭祖，祈求皇天保佑这位刚满十四岁的嗣君。可以这样说，嘉庆之得以嗣承大位，很大程度是他自己克勤力学、涵濡德义的结果。是皇子，就有嗣位的希望，不过要把希望变成现实，还得半靠机遇，半靠自我奋斗。

嘉庆的奋斗并不像乃祖雍正。他不耍权谋，不靠残酷的争夺，而是靠自己的品行、德性和学识，在自然的静态中，慢慢地赢得了父皇乾隆的赏识。此外还得靠更多的机遇，而这种机遇，他也是有的。嘉庆得以嗣位，除了他自身的条件外，其外部条件，特别是诸兄弟情况的变化，实在是太重要了，也是太富传奇性了。他是在乾隆三十八年（1773）被秘密箴名、内定为储君的，当年他只有十四岁。直到乾隆六十年（1795）九月，才被公开宣布册立为皇太子，而这时的嘉庆已是三十六岁。这段令人寻味而又捉摸不定的时间，也实在是够长的了。

乾隆六十年（1795）九月初三日，乾隆帝御临勤政殿，召皇子、皇孙、王公大臣等人见，宣示恩命，正式册立皇十五子、嘉亲王为皇太子。定于明年（1796）正月元旦举行授受大典，禅位于他，改元为嘉庆元年。他对此既有点预感，又确实有点意外，其表现是既惊惧，又欣喜不已。

嘉庆从准备在"昧余书室"中"了此身事"，到静悄悄地成了乾隆内定的储君；又从内定储君成为公开的皇太子，成为即将受禅嗣位的嘉庆帝，经历了很多的曲折，以至于有很多人对此存有怀疑。

戊戌政变起因之谜

光绪二十四年（1898）四月二十三日，光绪帝颁布《明定国是》诏谕，开始维新变法。然而，仅仅百日的维新，就以光绪帝被囚禁在南海瀛台，康有为、梁启超被迫逃往日本，以谭嗣同为首的戊戌六君子惨遭顽固派的杀害而宣告失败。但是导致戊戌政变的起因至今众说纷纭。

光绪二十四年（1898）四月二十三日，光绪帝颁布《明定国是诏》，开始维新变法。接着新政上谕，如雪片飞下，频频颁发，而守旧派推宕拖延，全力阻挠。新政无法实行，诏谕全成空文，两党形同水火。势不两立。七月三十日，光绪帝频密诏给杨锐，嘱咐维新派妥筹良策，推进变法。密诏中说："朕位且不能保，何况其他？"光绪帝意识到将有变故，自己处在危险地位，流露出焦急心情，要维新派筹商对策。八月初二日，又由林旭带出第二次密诏，令康有为："汝可迅速出外，不可迟延。"康有为、梁启超、林旭、谭嗣同等维新派的核心人物跪诵密诏，痛哭失声，誓死搭救皇帝，不得已铤而走险，决定实行兵变，包围颐和园，迫使慈禧太后交权。八月初三日，谭嗣同夜访法华寺，会见袁世凯，劝说袁世凯举兵杀荣禄，围颐和园，对慈禧太后则或囚或杀。康有为等酝酿多时的军事暴动未及爆发即被以慈禧太后为首的顽固派镇压。"百日维新"以光绪帝被囚禁在南海瀛台，完全失去自由，倡导变法维新的主将康有为、梁启超被迫逃往日本，以谭嗣同、林旭、杨锐、刘光第、杨深秀、康广仁"戊戌六君子"惨遭顽固派的杀害而告终。戊戌变法宣告失败。

那么，戊戌政变的起因是什么呢？对此，学术界向来是说法不一，归纳起来，主要有以下几种观点：

第一说法，袁世凯告密说。坚持这一观点的学者认为：袁世凯是个两面派：一面假意和维新派周旋，骗得光绪帝封他为侍郎；另一面看到慈禧的势力根深蒂固，决定投靠旧党。他用假话哄走了谭嗣同，八月初五日向皇帝请训，当天乘火车回天津，向荣禄告密，出卖光绪帝和维新派。当夜，荣禄赶回北京告变。八月初六日晨，慈禧临朝训政，囚禁光绪，捕拿维新派，杀害六君子，"百日维新"遂告失败。

袁世凯告密说长期流行于史学界，但近几十年来，不少历史学家对此提出疑问，否定了因袁世凯告密导致慈禧政变之说，其理由如下：一、政变之初，慈禧为何不捉拿谭嗣同；二、荣禄不可能乘火车连夜赶回北京；三、袁世凯《戊戌日记》中所谈的告密情形存在疑点，不可相信。因此，可以说戊戌政变时，袁世凯没有八月初四日在北京告密的必要与条件。袁世凯并没有党附维新派，光绪帝对袁世凯的知遇之恩远早于维新党人，而保全光绪帝，是袁世凯保全自己的必然选择。袁世凯之后的飞黄腾达，并非慈禧太后对其告密的奖赏。所以，不是袁世凯的告密导致西太后政变，而是西太后政变导致袁世凯告密。当然袁世凯虽非主动告密，但把围园密谋和盘托出，总算将功补过，不但被旧党宽容，而且受到重用。荣禄进京，袁世凯奉命署理直隶总督，其新建陆军得赏银四千两。他以六君子的鲜血染红了自己的顶子，但守旧派对他并不完全信任，慈禧太后因袁世凯参与围园密谋，并没有主动出首，欲加重惩。荣禄却看中了袁世凯的才能，为袁力保，袁才能够保全官位。如果袁世凯是主动告密，慈禧怎么会认为袁世凯存心叵测，欲置之重典呢？

第二说法，杨崇伊致慈禧太后密折说。9月18日，御史杨崇伊通过庆亲王奕劻代递向慈禧太后呈递密折，折中罗列了四项"即日训政"的理由：一、"公车上书"以来，康有为和其弟康广仁及梁启超来京讲学，煽动天下之士心；二、光绪帝经常召见康有为等人；三、"两月以来变更成法，斥逐老成，借口言路之开，以位置党羽。"四、伊藤博文访华。杨崇伊的密折虽然不长，却足以打动太后，促使其立即采取行动。吴相湘先生于1957年就撰文指出，戊戌政变的起因不在于袁世凯的告密，而是因为御史杨崇伊致慈禧太后的密折，而在其中伊藤博文访华是最主要的因素。房德邻先生也坚持认为政变的原因主要是杨崇伊的密折。袁世凯虽然告密，但此时政变已经发生，听到杨崇伊带来政变消息，袁世凯以为事情泄漏，为保全自己，和盘托出围园劫太后的密谋，致使事态扩大，大批维新派被捕、被革、被逐和六君子被杀。

第三种说法，伊藤博文的访华说。孔祥吉、汤志钧先生认为政变的导火索是伊藤博文访华。9月11日，伊藤以"个人游历"身份抵达天津，荣禄心怀鬼胎宴请了他。9月14日，伊藤抵达北京，康、梁等人兴奋不已，朝夕问计，并上奏皇帝欲请伊藤"留作顾问官"。经过接洽，光绪帝决定于9月20日召见伊藤。伊藤的来华及维新党人的频繁活动，使顽固派十分惶恐。他们认为伊藤来华的目的绝非"游历"，而是同光绪帝、康有为等一起谋划政变，要阻止他们的行动就得赶紧先行下手。于是，9月18日杨崇伊上奏折请慈禧"训政"。奏折说，伊藤之来华"将专政柄"，只有请太后"训政"，才能"转危为安"。9月19日，荣禄由天津赶赴北京，参加了政变密谋。是日晚上，慈禧太后便从颐和园赶回皇宫，幽禁了光绪帝，发动了戊戌政变。康有为等酝酿多时的军事暴动未及爆发即被以慈禧太后为首的顽固派扑灭了。

第四种说法，多种因素说。与上述三种观点不同，一些学者认为，毋庸赘言，戊戌政变的发生是多种因素合力作用的结果。"军机四卿"的提拔和礼部堂官的罢免，开懋勤殿的召集意图，杨崇伊等吁请重新训政的奏折，伊藤博文的来访乃至多数旗人、士绅、官员对变法措施的不解和反对，激进改革造成的社会震荡和民心不稳、流言传播等等，都成为促使慈禧下定政变决心的诱导因素。但袁世凯的告密亦当被收入观察视野，因为假如不这样来观察，若干问题便不易解释，其中环节便难有符合逻辑的联串。

不得不承认，戊戌政变起因之谜并没有因为研究的深入而日渐明朗化，然而我们相信，随着新资料的发掘，会最终揭开戊戌政变的神秘面纱。

曹雪芹家族败落之谜

鲁迅先生是第一个深刻思索《红楼梦》的成因及曹雪芹身世之大学者，当20世纪20年代之初，胡适、俞平伯认为曹家的败落不过是"坐吃山空"的"自然趋势"时，他却说不然，并明白指出："不知何因，似遭巨变。"那么到底曹家遭遇了什么打击，以至于一蹶不振呢？曹雪芹家族的败落原因，红学界主要有两种观点：一种是"政治原因"，如周汝昌先生在《曹雪芹》中所提："好端端的曹家为什么于雍正五六年之际被抄呢"，是因为雍正皇帝的"政治打击"，曹家的败落是"横罹逆褐"；一种是"经济原因"，主要认为是在江宁织造任上"亏空"引起抄家而败落。

持"经济原因"说的将曹家衰败的历史加以研究，他们梳理了这样一张衰败的因果图。

史载曹雪芹的祖父曹寅喜好文艺，又爱好藏书，精通诗词、戏曲和书法，其深厚的文化教养和广泛的文化活动，营造了曹家的文化艺术氛围。此时的曹家，呈现出空前的繁荣。然而，就在这繁华的背后，已是潜伏着可怕的危机，由于曹寅的日用排场，应酬送礼，特别是康熙四次南巡的接驾等，在经济上给曹寅造成了巨额的亏空，甚至可以说，曹寅已经给曹家种下了衰败的祸根。

康熙四十八年（1709）十二月初六，两江总督噶礼参奏曹寅，密报康熙说，曹寅和李煦亏欠两淮盐课银三百万两，请求公开弹劾他。康熙把曹寅看成是"家人"（因其母为康熙的乳母），噶礼要求公开弹劾曹寅，康熙当然不会批准。但事关重大，康熙不得不私下谆谆告诫曹寅和他的大舅子李煦，必需设法补上亏空。曹寅面对茫茫债海于康熙五十一年（1712）七月一病不起，死在扬州。

73

曹寅死后，康熙为保全曹家的江南家产，特命曹寅之子曹颙继任江宁织造；两年后曹颙病故，康熙又亲自主持将曹寅的四侄曹頫过继过来，接任了江宁织造的职务。同时康熙又让曹寅的大舅子苏州织造李煦代管两淮盐差一年，用所得的银子补齐曹寅生前的亏空。从以上事实来看，康熙对于曹氏家族可算仁至义尽。

但是雍正上台以后，接连颁布谕旨，开始在全国上下大张旗鼓地清查钱粮，追补亏空。仅雍正元年，被革职抄家的各级官吏就达数十人，曹家的姻亲苏州织造李煦，就是因亏空获罪，而被革职抄家。但一开始雍正并没有把曹家与李煦一起治罪，而是允许他将亏空分三年还完。

雍正四年（1726），曹頫负责操办的缎匹衣料质量"粗糙轻薄"，受到罚俸一年的处分。不久，雍正穿的石青缎褂褪色，经查又是江宁织造的产品，结果又罚掉曹頫一年的俸禄。曹頫一次又一次地失职，导致了雍正不满和失望。但是雍正并没有就此将曹頫问罪，而将他召回北京当面考察和训诫，雍正五年（1727）五月传旨，命苏州织造高斌不必回京，他所督运的缎匹由曹頫送来。不料曹頫在督运织造缎匹的途中，又在山东长清县等处勒索费用，骚扰驿站，此时雍正已经忍无可忍，于十二月初四下令将曹頫等交由内务府和吏部严审。

次年二月，新上任的江宁织造隋赫德将曹頫江南家产人口查明接收，曹頫在京城的家产人口，也由内务府全部查封。六月，骚扰山东驿站案审结，判曹頫赔银四百四十三两二钱，由内务府负责催讨，并将曹頫戴上木枷示众。雍正六年（1728）初夏，曹雪芹随同祖母、母亲等全家老少，由南京回到北京，住在崇文门外蒜市口的曹家旧宅时，开始了穷困潦倒的悲凉生活。

而持"政治原因"说的则有几种看法：

第一种认为：曹家与雍正的政敌允禩、允禟有染。雍正六年（1728），曹家终于败落，直接的原因之一，是查出曹雪芹的父亲曹頫替雍正的政敌允禟藏匿了寄放在他家的一对"本身连座共高五尺六寸"的金狮子。允禩等人在雍正一朝明明已经失势，逾制私铸的金狮子则是一种标志着夺权野心的东西，曹頫为什么肯替其藏匿？除了种种复杂因素之外，一个很重要的因素，恐怕就是那时的权力斗争波谲云诡、前景一时不甚明朗，曹頫自然想在表面忠诚于当今最高统治者的同时，再向一个或几个方面投注政治资本，这样一旦政局发生突变，便不至于跟着倾覆，甚至可以收取高额政治利益。

第二种则认为，曹家与康熙朝两次被废的太子关系非同一般，引起了雍正的猜忌。据史料考证，康熙为了身后皇位继承的大计，费了不可计量的心血，但是也带来了难以对人倾诉的烦恼和痛苦。康熙起初在诸皇子中暗地观察考验，选中了次子胤礽，并于康熙十四年明诏以示天下，立胤礽为皇太子，是为"储君"，即预定嗣位人。

△ 曹雪芹雕像

康熙朝一开始局势便十分复杂险恶，在剪除权臣鳌拜一事上，胤礽的外叔祖索额图于此有功。而索额图精于鉴定古青铜器，喜招聚文士文人，与曹家的关系非常密切。当时索额图官至大学士（宰相级），又以皇太子的外祖、监护人自居，富贵荣华势倾朝野，胤礽受他的影响很大。在其叔祖的"百般疼爱"之下，助长了其渐趋骄纵的性情和行为。但索额图后来逐步失去了康熙的信任，先是由于"撤藩"的大计，后即关系到胤礽的废、立的"国脉"问题了。

康熙在平定了"三藩"之叛及征讨厄鲁特部噶尔丹之乱时，都是令太子留守京师处理政事，而太子也表现得颇为称职，材器不凡。但皇帝回京后即听到胤礽的许多不良行径，结交坏人，肆行暴戾——这里面有真实，也必然包含有嫉者一派的逸言诬谤。事情发展到康熙四十七年（1708）九月，康熙帝于极端痛怒中召集百官大臣，令太子跪聆父皇揭其罪状，明令废黜他继承人的资格。康熙在废太子诏里清楚指出："朕知胤礽禀性奢侈，着伊乳母之夫凌普为内务府总管，俾伊便于取用。孰意凌普更为贪婪，致使包衣下人无不怨憾。"

而凌普又是何人呢？据说当年年幼失母的太子胤礽需要一位嬷嬷，由她负责将小太子带养、抚育、教导，直到长大成人。说不清胤礽的嬷嬷是何姓氏，只知她是凌普的妻子。凌普是满语译音记字，也写作灵普，他是"嬷嬷爹"，汉语只好叫"乳公"（实与乳母无关，乳母只管喂奶一事）。康熙四十四年（1705）至四十七年（1708），当时作为内务府总管的凌普（一写灵普）先后派人从曹、李两织造府取了八万五千余两银子。从这可以明白两代嬷嬷家族之间的关系是紧密相连的。

雍正四十多岁才谋得皇位，他深知曹家是太子一"党"，皇家一切内幕机密他们都了如指掌，怕泄露了自己的"天机"，所以必须找个借口"治"他们——"你们这些人混账贯（原文如此，应作'惯'）"，这是雍正亲手"批示"曹頫的话！看看这句，就可以"参悟"了吧？

以上草草叙明了雍正何以嫉恨曹家，但"曲终"还有"余音"：到乾隆登位后，胤礽之子名弘晳，联合了皇室中对雍正夺位、残害骨肉怀有"世仇者"，竟组成了"影子政府"，并要乘乾隆在塞外秋猎时刺杀之，为乾隆察觉，铁腕制服了这场史家罕及的大政变。而雪芹一家的再次抄家，彻底沦亡，正是又被弘晳大案株连的惨痛结局。

看来，对于曹雪芹家族衰败的原因，仍然是众说纷纭，莫衷一是，这有待红学、曹学专家们进一步的努力考证。

包公墓究竟在何处

"黑脸包公"是人们对宋代杰出的政治家包拯又敬又爱的称呼。包拯更为熟知的是他断案如神的本事,在民间流传有很多他断案的传说和故事,体现了人民对他的爱戴。

包拯是庐州(今安徽)合肥人,出生于999年,在宋仁宗天圣五年(1027年)考取进士,曾任州、县官,后升任天章阁待制、龙图阁直学士、开封知府、御史中丞、枢密副使。他病逝于1062年,终年64岁。

包拯一生为官刚正不阿,执法严峻,权臣贵戚为之蹙额敛手。他任开封知府时,民间有"关节不到,有阎罗包老"之语。包公写有《包孝肃奏议》,主张让百姓"衣食滋殖,黎庶蕃息","薄赋敛,宽力役,救灾患"。包拯所处的时代正是北宋王朝由盛转衰的阶段,北方契丹族建立的辽王朝屡次兴兵南犯,宋朝统治者却只求歌舞享乐。包拯主张对外选将练兵,广储粮食,以抵御外侮;对内抑制宦戚特权,选用贤俊,广开言路,整饬吏治,轻徭薄赋,与民休戚。他严格执法,铁面无私,敢于摧权折贵,为民申冤,因此深得人民群众的尊敬和赞扬,称他"其声烈表爆天下之耳目,虽外夷亦服其重名"。朝廷内外都不用官职称呼他,而称呼他为"公",民间更是誉为"包青天",可见包拯在世时,人们对他的拥护和爱戴。生前如此,死后也是如此,因此包公墓即成为人们关注的问题。

明代嘉靖三十四年所修的《巩县志》记载,包拯墓在"巩县西宋陵"中,清代顺治以后各时期版本的《河南通志》都有这样的记载。"巩县西宋陵"即今河南省巩义市西南北宋王朝9个皇帝的陵墓,习惯称"巩县宋陵",其中世人熟知的陪葬真宗陵侧的一座高约5米的圆形冢墓就是包公墓,这是原来人们普遍的看法,"巩县宋陵"也因此成为极负盛名的旅游胜地。

77

华夏五千年历史解密

△ 合肥包公墓

但是20世纪80年代，在安徽省合肥市东郊大兴乡双圩村的黄泥坝发掘出了包公及其夫人董氏墓、长子包绶夫妇墓、次子包绶夫妇墓、孙子包永年墓，淝水岸边出土的墓志铭确凿地记述了包公的生平，补充和修正了一些史实，也确切证实了此墓为包氏族墓。

这一次挖掘让世人陷入了迷惑之中，到底哪一座墓才是真正的包公墓？为什么一个包公有两座墓？合肥包氏族墓是包公墓，这有确切的史料记载加以证明，那么，巩义市的包公墓又是怎么回事呢，难道巩义市包公墓是人们的臆断吗，或者陪葬真宗陵侧的包公墓另有他意？

河南巩义市包公墓从明嘉靖三十四年开始，清顺治以后各时期的《巩县志》均有记载，至少经历了五六百年，这就说明巩义市包公墓在明代时就已存在。那么，合肥市包公墓究竟修建于何时呢，里面埋葬的又是谁呢，为什么要修这座墓呢？这是人们至今尚无法解开的谜。

两座包公墓孰是孰非之谜尚未解开，合肥包公墓的发现，又给史学家们带来了许多新的难题。据出土的墓志铭记载，包公本人是"皇舅"，这是鲜为人知的。

另外，在合肥包公墓墓地中轴线的西南部，有一座较大的封土堆，高约4米，底径10米，整个外形略大于包拯夫妇墓。从这个封土堆的地表再往下深挖3米，都是清一色的生土，可知这是一座典型的"疑冢"。那么，是谁设的这座"疑冢"呢，为何要设此"疑冢"呢？这也是一个需要我们去解开的谜。

78

年羹尧为何被雍正赐死

年羹尧，字亮工，康熙三十九年（公元1700年）进士。提起年羹尧，人们就会想起血淋淋的血滴子，因为在传说中，年羹尧总是用血滴子残酷地杀死其对头。历史上的年羹尧为人聪敏，豁达，娴辞令，善墨翰，办事能力亦极强，自平定西海叛乱以后，因时时向主子出谋献策，奔波游说，深受雍亲王的青睐。

为表忠心，年氏还将自己的亲妹妹献给了雍正。那时，主仆二人曾发誓，死生不相背负，从此交情更加深厚。随着年羹尧的官阶也越升越高，最终独掌军政大权。君臣之间，无猜无疑，如雍正所谓"千古君臣知遇榜样"。可后来，雍正便使出浑身解数开始置年氏于死地，这又是为何呢？

有人认为年羹尧的死与雍正帝夺嫡有关。据说康熙帝临终时指定十四子胤禵嗣位。四子胤禛串通年羹尧、鄂尔泰、隆科多，矫诏篡位。其时，十四子胤在四川为抚远大将军，原可挥兵争位，然受制于川督年羹尧，遂无能为力。胤即位后，改元雍正，为酬报年羹尧拥立之功，大加恩赏，然而这不过是灌"迷魂汤"，雍正帝内心实已对这些知情者存有杀心，最终还是找借口除掉了他。

有些人不同意此说。他们认为雍正初年年羹尧受宠，并非是雍正帝为他灌"迷魂汤"，而是皇帝对他效忠辅弼的奖励。雍正帝继位之时，年羹尧尚在四川平乱，并未参与其间，所以不可能知情，故上说不能成立。《清史稿》、《清代七百名人传》等作者，都认为年羹尧是恃功自傲而致被杀。

年羹尧成败之速，异乎寻常，对于其死因的种种说法，人们到现在还是难辨真假，难怪被史学家列为"雍正八案"的首案。

宋代徽、钦二宗结局之谜

宋徽宗和宋钦宗是北宋王朝的最末两个皇帝,他们代表了宋代历史上最为屈辱的一页,这就是"靖康之变",即一代民族英雄岳飞在浩气长存的《满江红》中悲愤地吟到的"靖康耻"。徽、钦二宗个人的结局也非常凄惨。

宋徽宗赵佶是一名少有的风流倜傥的皇帝,他在中国的书画史上享有不容忽视的一席之地。他的"瘦金体"书法闻名于世,瘦劲峻丽,飘逸劲特,有"屈铁断金"之誉,自成法度。传世作品《真草千字文》、《临写兰亭绢本》等均为千年国宝。他的绘画作品则不仅带动了当时画坛的发展新潮,而且对后世影响极大,尤其是他的花鸟画,达到了空前的艺术境界,至今还无人能企及。他的画既有用笔精细,艳丽富贵的一面,对画院派画家影响颇深,同时又有纯用水墨表现,崇尚清淡情趣的一面,在他笔下,将这两种风格很好地结合在了一起。宋徽宗的《虢国夫人游春图》、《瑞鹤图》、《芙蓉锦鸡图》、《听琴图》、《柳鸭芦雁图》、《池塘秋晚》、《雪江归棹》等画作,无一不是花草、鸟兽、人物形象俱佳,画面生动,令人神驰遐想的作品。此外,他还是一位很有造诣的诗人,存世有《宋徽宗诗》、《宋徽宗词》,另有《宣和宫词》三卷今已失传。

宋钦宗赵桓是宋徽宗的儿子,宋宣和七年(公元1125年)受父亲禅让即位。

在文学艺术上天分极高的宋徽宗在政治上却昏庸无能。在他统治期间,重用蔡京、童贯等奸臣权阉,贪污横暴,掠夺民财,设"花石纲"搜刮各地奇花异石,大兴土木广建宫观庭院,导致农民不堪负担,揭竿起义。对外则面对北方的金兵南侵毫无抵抗之力,屡屡媾和。宣和七年金兵进逼汴京(今河南开封）之际，宋徽宗下罪己诏，命天下勤王，同时料知难敌来势凶猛的金军，便仓皇传位于皇太子赵桓。赵桓即位称钦宗，翌年改年号为靖康，徽宗则带着后妃们逃往南方避难。但是命运多舛的宋钦宗只当了一年零四个月的皇帝，就被金人攻破汴京，丢掉了江山。

靖康元年（公元1126年）正月，金兵渡过黄河，直逼汴京。宋钦宗不得不斩杀罢黜了蔡京一党，并在抗金主战派李纲的指挥下，击退了金兵的进攻，京城暂时得以解围，南逃的太上皇徽宗也在群臣的谏劝下回到汴京，但钦宗却仍向金国提出割让太原等三镇以求和，并在京城内搜刮大量金银献于金军。同年十月，金兵又卷土重来对北宋发动进攻，太原、真定很快失守。十一月中旬，西、东两路金军相继渡过黄河。钦宗及一帮君臣得知金兵渡河向汴京进军的消息后，吓得惊慌失措，于十二月初二乞降。金军于次年四月一日攻入汴京城，将钦宗、徽宗、后妃、六宫皇族、宫女等，连同内侍、御医、乐官、工匠、艺伎数千人掳回金国，同时掠走了大量金银宝货，将宋宫中所有的文玩古物、仪仗图籍、礼器、法服、图书、衮冕、九鼎以及浑天仪、刻漏、府州县地图等席卷一空，北宋王朝灭亡。

北宋灭亡、二帝被掳，在中华汉民族历史上留下了最为屈辱的一页，史称"靖康之耻"。纷乱之中，钦宗九弟康王赵构侥幸脱身，逃至南京（今河南商丘），并于当年五月一日在南京应天府称帝，建立南宋王朝，为宋高宗，改靖康二年为建炎元年。但他即位未久又被金人追赶至江浙沿海一带，有一段时间甚至亡命于海舟上，后来总算定都于临安（今浙江杭州）。直到祥兴二年（公元1279年），南宋被蒙古族建立的元朝所灭。

徽、钦二宗被金人俘虏以后，辗转北行，受尽屈辱与折磨，金人对他们的残酷折磨令人发指。金人先是下令废二帝为庶人，逼他们穿上庶人衣服，贪生怕死的徽、钦二宗丝毫没有反抗的表示，乖乖地从命，在百姓的沿路围观之下，前后衣带相结着被带往金营。太子面对百姓只会哭喊："百姓救我！"徽、钦二宗一行一路北去，完全步行，即使北风呼啸，衣单衫薄，也不得停下歇息，而且随时被押解的金人鞭打，吃的东西粗粝不堪下咽，而且常常吃不饱肚子。从春天一直到夏天，他们都不得更换衣服，满身垢腻，生出了虮虱，钦宗的皇后朱氏还多次受到押解士兵的侮辱，欲死不得。一天，负责押解徽、钦二宗一行的金人头目泽利在半路摆酒大吃大喝，喝到正酣，忽然要朱皇后唱歌为其助兴。朱皇后怕钦宗吃亏，只得挣扎着虚弱的身体，悲哀地唱道："幼富贵兮厌罗绮裳，长入宫兮奉尊觞。今委顿兮流落异乡，嗟造物兮速死为强。昔居天上兮珠宫玉阙，今日草莽兮事何可说。屈身辱志兮恨何可雪，誓速归泉下兮此愁可绝。"

徽、钦二宗及皇后等人被押解到燕京（今北京城西南隅），以庶人身份叩见过金主后，被关在斗室中七天七夜，朱皇后羸弱不支，终于病死，金人用秫杆卷着尸体，不知埋在何处。随后他们被发往安肃军（今河北徐水），后来又流移至灵州（今宁夏灵武）。金人不让二帝及徽宗的皇后郑氏三人在一个地方久居，在灵州住了一年左右，又将他们发往更加穷僻的涞州。这天晚上，徽宗等三人露宿林下，抬头看见月光皎洁，忽然听见有人在月下吹笛，声音呜咽。徽宗不禁对月长叹，随口吟道："玉京曾忆旧繁华，万里帝王家。琼林玉殿，朝喧弦管，暮奏笙琶。花城人去今萧索，春梦绕胡沙。家山何处？忍听羌笛，吹彻梅花！"徽宗吟罢，钦宗也继韵一首："宸传四百旧京华，仁孝自名家。一旦奸邪，倾天拆地，忍听挡琶。如今塞外多离索，迤通远胡沙。家邦万里，伶仃父子，向晓霜花！"然后，三人相对大哭。

高宗绍兴元年（公元1131年），徽宗等人又被押解到五国城（今黑龙江依兰），这里是他们流放生涯中生活时间最长的地方。就在到达五国城的途中，郑太后病死在路边杂树下，二帝只能用刀在路旁掘一个坑，用衣服裹之草草埋葬。徽宗哀伤悲痛得成日以泪洗面，白天枯坐，晚上就蜷伏在草垫上，不久他的一只眼睛因此而失明，第三年，另一只眼睛也瞎了。在流亡八年后，公元1135年，徽宗病死于五国城。钦宗当时才三十多岁，后来他继续被流放、迁移，一个人又熬过了二十多年的苦难岁月。五十七岁那年，也就是金主完颜亮准备发动侵宋战争的前夕，钦宗被完颜亮派人当做箭靶子射死，再以乱马践踏，躁之于土中。

石敬瑭甘当儿皇帝之谜

五代十国的后晋高祖石敬瑭被视为中国历史上最臭名昭著的皇帝，因为他恬不知耻地对契丹首领自称"儿皇帝"。究竟出于什么考虑，让石敬瑭甘心忍辱受屈呢？有人认为石敬瑭此举实在是出于无奈。历史真相到底是怎样的呢？

石敬瑭生于唐景福元年（公元892年），祖先是沙陀人。沙陀是古代突厥人的一个部落，早先居住在金莎山（今尼赤金山）以南、蒲类海（今新疆巴里坤湖）以东一带，唐宪宗时，沙陀人酋长朱邪执宜率部归附唐。懿宗咸通十年（公元869年），朱邪执宜的儿子朱邪赤心因征战有功，拜单于大都护、振武军节度使，并被赐予汉姓名李国昌。李国昌的儿子李存勖（音xù）后来灭后梁，建立了后唐国。

△ 石敬瑭画像

石敬瑭从小沉默寡言，喜欢读兵书，长大后文韬武略，显露出过人的政治智慧。李存勖的儿子李嗣源对石敬瑭非常器重，将自己的女儿嫁给他，石敬瑭跟随李嗣源转战各地，成为李存勖的一员骁将。石敬瑭最大的功劳是劝李嗣源顺应时势，在兵乱中追求帝位，最后李嗣源果然坐上皇帝宝座。石敬瑭因功被授予"竭忠建策兴复功臣"的称号，并任六军诸卫副使，相当于侍卫队的副总司令。但总司令是李嗣源的儿子李从荣，李从荣自认为是皇位继承人，骄横跋扈，谁都不放在眼里。石敬瑭料他日后必然出事，便极力推

△ 五代十国——乾元重宝

辞，改任河东节度使兼云州（今山西大同）蕃汉马步军总管。后来，李从荣果然因为急于继位而被诛。

公元933年十二月，李嗣源病死，儿子李从厚继帝位，李嗣源的养子李从珂发动兵变。石敬瑭活捉了从洛阳逃出的李从厚，押往洛阳向李从珂请功，李从珂杀死义兄后自己称帝。李从厚在位只短短三个月。李从珂称帝后，一直把石敬瑭留在京师，实际上是担心他造反而将他软禁起来了。石敬瑭整天装病在家，然后由夫人李氏出面去向曹太后求情，加上李从珂以为石敬瑭真的体病人衰，从而低估了他，始得归河东。石敬瑭回到河东后，屡次以契丹侵扰边境，需要囤粮备战为名，要李从珂拨给大批军粮，实际是为自己打算。

公元936年五月，李从珂采纳老臣薛文通的主意，调石敬瑭任天平节度使，想借此试探石敬瑭，如果石敬瑭不从，即是他怀有谋反之心的最好证据。石敬瑭对属下说："先帝授我太原这个地方，让我终此一生，今无故而迁，是怀疑我要谋反也。太原是个地险粮多的地方，有利于起事，我打算内檄诸镇，外求援于契丹，诸位以为如何？"桑维翰、刘知远等大将都认为可行并积极响应。于是，石敬瑭上表，要求李从珂让位给李嗣源的亲生儿子李从益。李从珂大怒，下诏削夺石的所有官爵，然后命张敬达率领大军讨伐。石敬瑭见大军兵临城下，便向契丹许诺了丰厚的条件，请求太宗耶律德光出兵相助。正愁没机会南下的耶律德光喜出望外，亲自领兵援救石敬瑭，打败了张敬达的十数万兵马，攻灭后唐。石敬瑭于这年十一月建国，史称后晋。

为了使契丹出兵助其建国，石敬瑭许诺的条件是：一、称臣；二、尊耶律德光为父；三、每年进奉帛三十万匹；四、割让燕云十六州。

石敬瑭的大将刘知远认为，称臣和进贡是必需的，尊父与割地则太屈辱，恐为天下人不齿，但石敬瑭没有采纳刘的建议。

一千多年来，人们对石敬瑭当年的行径无不嗤之以鼻。的确，在他之前，中国历史上群雄纷争时期，一些弱小王朝面对势力强大、时时觊觎中原的外族国家，俯首称臣，贡纳财物的先例是有的，但还从没有过一国皇帝甘认外族首领为父，何况耶律德光比石敬瑭还小十岁。欧阳修在《新五代史·唐本纪第四》中记下了这耻辱的一笔；"敬瑭夜出北门见耶律德光，约为父子。"

另一个让后人谴责的就是割让长城以南的燕云十六州（相当于今北京市、天津蓟县、河北、山西一带），东西长六百公里，南北宽二百公里，总面积达十二万平方公里。十六州割予契丹，使得中原北方的屏障尽失，契丹轻而易举地占据了长城一带的险要地带，从此，凶悍的铁骑便可以长驱直入到黄河，给中原人民带来长达数百年的灾难。对此，石敬瑭是推卸不掉历史责任的。

然而，也有人冷静分析了当时的情势后指出，石敬瑭此举实在是出于无奈。

当时石敬瑭功高震主，自从石敬瑭帮助李从珂登上后唐皇帝宝座，李从珂就对他疑忌不断。有一次，石敬瑭的妻子去京师参加完李从珂的生日宴会，想早点回河东，李从珂醉醺醺地对她说："这么着急回去，是不是要和石郎造反呀？"这说明李从珂无时不在戒备着石敬瑭。调任天平节度使，明摆着是要收回石敬瑭的根据地，铲除石的势力。老臣薛文通就一语道破了天机："调动也要反，不调动也会反，不如先下手为强。"因此石敬瑭造反已经如箭在弦上，不得不反了。而石敬瑭以一个河东去对抗整个后唐，明显是以卵击石。所以石敬瑭为了自保，必然要借助外力，寻求契丹的支持。这一决断就事论事讲应该是没错。

为了确保契丹全力支持自己，石敬瑭不得不以最优惠的条件去说动耶律德光。尤其是当时后唐方面以送还俘虏，每年献赠银两财物等条件，向契丹提出结盟，以断绝其援助石敬瑭之忧。与此同时，后唐大将赵延寿也提出优

△ 五代十国——铜镜

厚条件,要求契丹封他为皇帝。石敬瑭在得此消息后,才下定决心以更加优厚的条件事奉契丹。这证明了在当时的情况下,石敬瑭为了生存,许诺这些条件是必须的,否则,契丹未必肯出兵支持他,至少不会是太宗耶律德光亲率五万精兵南下。

石敬瑭付出沉重的代价换来后晋的建国之后,对契丹采取低姿态,谦卑以对。对内则整顿军事,加强操练,鼓励人民耕田种桑,恢复自由贸易。在一段时期内,中原与契丹之间没有发生大的军事冲突,后晋也社会安定,出现了小康生活局面,在五代五个开国皇帝中,石敬瑭的治绩还算是好的。从这个角度来说,石敬瑭牺牲了国家和民族利益,也牺牲了个人尊严,才换取短时的建国安邦,只是这个牺牲已远远超出了国家和民族所能够承受的限度,因而才为后人不齿。

《旧五代史》说石敬瑭能礼贤下士,能纳谏,生活节俭,但是不该为图帝位引契丹进中原而给人民带来灾难,这如同"决鲸海以救焚,何逃没溺;饮鸩浆而止渴,终取丧亡"。这一评价还是比较客观中肯的。

雍正"舍头下葬"之谜

历史上对雍正之死有许多猜测，流传最广的说法是他被一女侠刺杀，还被割下头颅，为了完尸下葬，不得不给他铸了个金头颅安上。雍正究竟是怎么死的？专家推论是因服食丹药中毒而亡，然而这一说法仍有疑点。

雍正十三年（公元1735年）八月二十二日，雍正皇帝在圆明园突感不适，次日晚病情加剧，当即召集其子宝亲王弘历、和亲王弘昼和叔父庄亲王允禄、礼亲王允礼及大学士鄂尔泰、张廷玉等，宣布传位给弘历，然后没几个小时便死去了，从发病到死亡不到一天，让众人措手不及，将雍正遗体护送回宫时，连匹马都没有，只好用骡子驮回。而据史料记载，就在八月二十一日，雍正还接见了朝臣，说明当时他的身体情况完全正常。

由于清朝官书没有记载雍正的病情，致使他的猝死变得扑朔迷离起来，关于他的死因也充满了种种传说：有说他是死于中风；有说他是丹药中毒而亡；有说是宫女和太监串通一气，用绳子将他勒死的（柴萼《梵天庐丛录》）；也有说是雍正霸占了曹雪芹的恋人，曹雪芹便设法混入宫中，与恋人合谋将雍正毒死，而这个恋人就是《红楼梦》里林黛玉的原型。流传最广、影响最大的说法则是吕四娘刺杀说，野史如《清宫十三朝》、《清宫遗闻》等都采雍正遇刺身亡之说。明清之际，思想家吕留良反对"异族"统治，拒清怀明，曾写诗直书胸襟："清风虽细难吹我，明月何尝不照人？"雍正八年（公元1730年），雍正皇帝大兴文字狱，将早已去世的吕留良、其子吕葆中和学生严鸿逵戮尸，并割下头颅，将吕留良的另一个儿子吕毅中及学生沈在宽斩决，吕葆中、严鸿逵的直系亲族男十六岁以上者皆斩，男十五岁以下者及母妻妾姊妹、子之妻妾等或杀或充作大臣家奴仆，其他受牵连而被杀者不下百人。吕葆中的女儿吕四娘因刚好外出离家，躲过了这场全家抄

87

▲ 雍正皇帝画像

斩的惨祸，她当即刺破手指，血书"不杀雍正，死不瞑目"八字，立志为父祖及全家报仇。此后吕四娘便入少林寺学习武艺，练得拳腿轻灵、刀剑精湛。她混入圆明园的雍正寝宫外室，借着陪雍正喝酒的机会，用利剑将其刺死，然后割下雍正的头颅，飞檐走壁而去。次日凌晨，大内便传出雍正暴毙的消息，因为头颅被割，只得另外铸了一个金头，算是完尸下葬。

以上各种说法不一而足，但都没有史料可证，纵然有的富有传奇色彩，也只能看做是历史演义而已。那么雍正皇帝究竟是怎么死的？他真是金头下葬的吗？

后人根据史籍中的蛛丝马迹推论，雍正很可能是食丹而亡的。

在寻求不老术方面，雍正与历史上的先行帝王相比毫不逊色。早在还是皇子时，他就对道家炼丹产生了浓厚兴趣，还曾写过一首《炼丹》诗歌颂丹药的功效，并与道士往来甚密。继位当皇帝之后，雍正更在宫内蓄养了一批炼丹道士，还极力推崇金丹派南宗祖师张伯端，赞赏他"发明金丹之要"。大约在雍正四年（公元1726年，即他暴毙前九年）开始，雍正就开始服食一种叫"既济丹"的丹药，对药效深信不疑，并将其赐给宠臣。一次，他赠"既济丹"给云贵广西总督鄂尔泰，君臣间还讨论服用的方法。后来又赐给河东总督田文镜，并告诉田，这种药的药性"不涉寒热温凉，征其效亦不在攻击疾病，惟补益元气，是乃专功"。雍正还劝其宠臣放心大胆地吃御赐丹药，不用怀疑其药性，因为自己对这种药"知之最确"。

据有关档案的记载，雍正八年春，雍正生了一场大病。为了"治病祛邪", 雍正命百官从全国各地寻访道家术士, 搜罗在身边, 如贾士芳给雍正按摩时还口念咒语, 娄近垣经雍正特批在宫里设坛祈祷, 张太虚、王定乾等人则在圆明园里为雍正炼丹。专门记载清宫日用物品消耗的内务府流水账《活计档》就记录了关于这方面的内容: 从雍正八年十一月开始, 在内务府总管海望和太医院院使刘胜芳的主持下, 陆续有大量木炭、铁、铜、铅制器皿以及矿银、红铜、黑铅、硫黄等物品被送进圆明园内东南角的秀清村, 以后运送的数量越来越多, 到雍正十三年止, 雍正共下令向圆明园运送上述物品达157次, 平均每月要运送两三次, 而雍正十三年以后（雍正死去后）便戛然而止。这些物品用来干什么用的呢? 当然是用来炼丹, 因为这些恰好都是炼丹的原料。据《活计档》记载, 雍正十二年三、四月间, 雍正曾两次从圆明园发出帖子传达旨意, 向大臣赏发"丹药"。在这里, "丹药"二字明白无误地出现在了清宫档案中。

　　从其对道士炼丹的兴趣, 对药石性理功能的了解, 和长期服食丹药的事实来推测, 雍正很有可能是因体内蓄积了过量的银、铜、铅等矿物质, 才导致慢性中毒而死。炼丹所用的汞、硫、砷、铅等矿物质都是有毒的, 对人脑五脏侵害相当大, 所以, 所谓丹药其实可以说是"丹毒"。

　　乾隆皇帝甫一即位, 立即下令将雍正蓄养在宫中的炼丹道士张太虚、王定乾等人驱逐。上谕中说:"皇考万几余暇, 闻外间炉火修炼之说, 圣心深知其非, 聊欲试观其术, 以为游戏消闲之具, 因将张太虚、王定乾等数人置于西苑空闲之地, 圣心视之与俳优人等尔, 未尝听其一言, 未尝用其一药……今朕将伊等驱逐, 各回本籍……若伊等因内廷行走数年, 捏称在大行皇帝御前一言一字, 以及在外招摇煽惑, 断无不败露之理, 一经访闻, 定严行拿究, 立即正法, 决不宽贷。"另据资料载, 在下令驱逐道士的同时, 乾隆还告诫宫内太监、宫女不许乱传"闲话"。试想, 雍正暴毙, 新皇帝刚刚即位, 有许多事情等着去做, 为什么都置之一边, 却专门为了几个道士发布一道上谕? 究竟道士们犯下什么弥天大罪, 才令乾隆不容迟缓, 在此时迫不及待地处治他们, 乾隆怕道士们出宫后散布雍正的什么言行, 又有关于什么的"闲话"可能在宫中乱传? 这些都不能不让人思考, 去梳理真正的答案。

89

△ 雍正皇帝安葬在清西陵

再从乾隆上谕的内容来看，"未尝听其一言，未尝用其一药"，明显与宫中《活计档》的记载相矛盾，为何要如此表白呢？除了给世人一个乾隆有意掩护其父的过失，为其避讳的感觉以外，似乎再也想不出其他什么理由了。如果确是因服丹药而死的话，那么所谓"金头下葬"自然就是无稽之谈了。

由于缺少直接的证明，人们关于雍正死于丹药中毒的推论也只能停留在猜测上，而且还有一个疑点：假如真是丹药致死，那么炼丹的道士必当诛杀无疑，为什么乾隆只将他们驱逐出宫了事？

要解释这个疑点，可以回顾一下历史上唐高宗的所作所为。高宗之父唐太宗也是服食丹药而暴亡的，但高宗担心皇帝服丹致死的事情传出去让世人笑话，便将炼丹的印度方士那罗迩娑婆寐悄悄"放还本国"。人同此心，可以想象，如果雍正真是死于丹药的话，乾隆肯定也不愿让天下人尽知，所以必须要替皇考遮掩事实真相。

不过，还有一个疑问倒是难以解释：历史上食丹而亡的帝王并不在少数，像晋哀帝、唐太宗、明仁宗等都是吃长生丹药中毒丧命的，史书上均对其死因有清楚的记载，为什么清朝却讳莫如深呢。莫非除了服丹而亡之外，真的还有什么世人不晓得玄秘？

匈奴的来历和名称变换之谜

"匈奴"的名称最早出现于战国。司马迁《史记·匈奴列传》是中国和世界上最早的关于匈奴的历史著作和权威著作。《匈奴列传》记载了自黄帝时起,至汉武帝时的匈奴的完整历史。此后,《汉书·匈奴列传》的前半篇基本照抄《史记·匈奴列传》,后半篇则接写汉武帝以后至西汉末年的匈奴史。《汉书·匈奴列传》和《西域传》是继《史记·匈奴列传》之后有关匈奴的权威之作。《后汉书》有《南匈奴列传》和《西域传》,也是重要著作,记载了东汉时代匈奴的完整历史。《史记》、《汉书》和《后汉书》中另有一些人物传记的内容与匈奴有关,补充了《匈奴列传》和《西域传》未及记载的重要史实。此后,有《晋书·匈奴载记》和《魏书·匈奴宇文莫槐列传》、《北史·匈奴宇文莫槐列传》及《西域传》等,还有一些匈奴人物及其所立小国的传记。二十四史中的以上著作完整记录了匈奴(在亚洲)的历史,也是(亚洲)匈奴史现存的全部原始书面材料。

匈奴这个民族非常复杂,其中一个表现就是早期匈奴的名称很多:

远古时代,即黄帝(约公元前3千年左右)时代,称荤粥;

上古时代,即尧舜时代称山戎、猃允、荤粥、薰粥;

夏朝(约公元前22~前18世纪)时,称荤粥;

商朝(公元前18~前12世纪)时,称鬼方;

西周(公元前12世纪~前771年)时,称混夷、獯鬻、猃(一作俨)狁;

春秋(公元前771~前476年)时称戎、狄;

战国(公元前476~前221年)时代,称胡、匈奴。

冯家升《匈奴民族及其文化》列举匈奴的异名竟有三十二种之多:如鬼方、鬼戎、魃方、畏夷、隗国、混夷、混戎、犬戎、俨允、獯鬻、荤粥、荤庾等。

匈奴又称胡，在战国和秦汉时，胡和匈奴的意思完全等同。在古籍中以胡称匈奴，最早见于战国时作的《周礼·考工记》："胡无弓车。"郑压："今匈奴。"又见于《战国策·赵策二》"武灵王平昼闲居"章。这位赵武灵王（赵国国王，公元前325-299年在位）就是战国时最早打败胡人入侵的英雄人物，本书第一章第8节有专门介绍。

匈奴之名，最早见于战国时期，战国时的著作《逸周书·王会篇》、《山海经·海内南经》和《战国策·燕策三》"燕太子丹质于秦章"都已提到匈奴。刘向《说苑》也记载了战国时匈奴的存在。记载匈奴最早的活动的是《史记·秦本纪》："韩、赵、魏、燕、齐帅匈奴共攻秦。"时在秦惠文王后元七年，即公元前318年。其次是《说苑·君道》，此书记载燕昭王与郭隗语有"匈奴驱驰楼烦之下"句，《资治通鉴》将昭王师郭隗事系于周赧王三年，即公元前312年。第三次是《史记·李牧传》所载李牧击匈奴事，时间为公元前三世纪中叶。由于《史记·匈奴列传》和《汉书·匈奴列传》是匈奴史的最早最有权威的著作，所以"匈奴"这个名称从此固定了下来。

匈奴这一名称的由来，多数学者都依据《史记·匈奴列传》的记载和王国维《鬼方昆夷猃狁考》的观点，认为匈奴即荤粥、鬼方、混夷、獯鬻、猃狁、胡等同名异称和异议。王锺翰主编《中国民族史》（国家社会科学"七五"规划重点项目）也倾向于这个观点：

匈奴族源，从其名称由来可看出，他们与殷周以来的鬼方、獯鬻、荤粥、猃狁、胡等有密切的渊源关系。但不等于说，前者是后者的翻版，而是说，匈奴族是上述诸族的基础上，吸收周围各族人民发展起来的。……完全可以说，它是由戎、狄、胡多种民族成分组成的"民族共同体"。

林幹《匈奴通史》和白寿彝总主编《中国通史》等则完全认同司马迁和王国维的观点。《中国通史》认为：鬼方和猃狁来源很远，在中国历史上绵亘的时间也（很）长。根据文献记载，尧舜时代的薰育、商周时代的鬼方、西周的鬼戎、昆夷、混夷、畎戎、串夷、犬戎、猃狁，春秋时代的戎、狄，秦汉时代的胡与匈奴，实际上都是指一个属类，只是由于时间、地点、音译、诬称以及个别支派的不同，而"异其称（呼）而已"。《匈奴通史》还指出：在匈奴共同体中，见诸记载的有休屠（屠各）、宇文、独孤、贺赖、羌渠、义渠等部。其下，还有众多氏族，如呼延氏（呼衍氏）、兰氏、须卜氏、丘陵氏、乔氏、当于氏、韩氏、郎氏、粟籍氏、沮渠氏等诸姓。此外还有"别种"和"别部"等。

"匈奴"原义，即"人"，或"群众"、"居民"、"土民"，意为"天帝之子"。据王国维考证，"匈奴"二字急读为"胡"。而"胡"一词在匈奴人的心目中，以为即"天之骄子也"。

古代学者认为匈奴，至少部分匈奴，也是黄帝的子孙。如《史记·周本纪》"犬戎"《正义》注云："黄帝生苗龙，苗龙生融吾，融吾生弄明，弄明生白犬，白犬有二，是为犬戎。"司马迁记叙匈奴的祖先还是大禹的嫡系后裔呢。所以有学者精辟地指出：

历史上，中原民族与边疆民族不仅在政治上存在着隶属，联系紧密，在思想文化方面也存在着"华戎一族"的思想认识和文化认同，这也是我们认识中国历史上民族及其疆域问题的一个条件。

司马迁在《史记》中不仅将华夏族说成是黄帝的子孙，把中国的少数民族也说成是黄帝的子孙，他认为少数民族与华夏族有着重要的渊源关系。他在《史记·秦本纪》中说，"秦之先，帝颛顼之苗裔"，把人们向来认为是戎狄的秦朝先人说成是黄帝的孙子高阳氏颛顼的后人。在《史记·楚世家》中说，"楚之先祖出自帝颛顼高阳"，把人们认为属于南蛮的楚说成是黄帝的后裔。在《史记·越王勾践世家》中说，"越王勾践，其先禹之苗裔"，也是黄帝的后人。在《史记·东越列传》中说，"闽越王无诸及越东海王摇者，其先皆越王勾践之后也"，两越的夷蛮自然也就是黄帝的后裔了。在《史记。匈奴列传》中又说，"匈奴，其先祖夏后之苗裔也"，匈奴自然也就成了黄帝的后裔。

司马迁关于中国各个民族均为炎黄子孙的说法，对后世产生了深远的影响，后来的少数民族大多沿袭了司马迁的说法，强调自己是炎黄子孙。比如，十六国时期，匈奴人赫连勃勃曾强调自己是"大禹之后"，要"复大禹之业",完全把自己说成是黄帝的后人。《晋书·慕容廆载记》认为,慕容鲜卑"其先有熊氏之苗裔",《魏书·序纪》称,建立北魏政权的拓跋鲜卑人以黄帝之子为自己的直接祖先,认为"黄帝以土德王,北俗谓土为托,谓后为跋",因称自己为鲜卑拓跋氏。控制西魏的鲜卑人宇文泰则称"其先出自炎帝神农氏",炎帝和黄帝是兄弟,同出于少典,鲜卑人有关始祖的说法虽然有黄帝和炎帝之不同,但最终还是一源。从鲜卑族出来的契丹族也承认自己是炎黄子孙。《周书》认为契丹是炎帝之后,耶律俨所作《辽史》则将契丹说成是黄帝之后,脱脱主持编写的《辽史》经过考证,认为契丹出于"炎帝之裔曰葛乌菟者",主张契丹为炎帝之后。以上可以看出,中国历史上的各个民族均主张自己的始祖出于炎帝和黄帝,这种中华民族起源于一个祖先的一源论说法,今天看来是不科学的,因为中华民族和文明的起源并非一源,而是多源,具有多元一体的特点,这已为中国长江流域、黄河流域、燕辽地区丰富的远古人类考古及文化所证明,已经成为学界的共识。

关于"华夷同祖"的中华民族起源的一源论说法,虽然是不科学的,但它却可以说明中国历史上的中原民族和边疆民族在血缘上是比较接近的民族,反映了中华各民族在发展过程中逐渐混血融合的趋势,反映了中国历史上"华戎一族"或"胡越一家"思想的源远流长,反映了中原民族对边疆民族自古以来就是一家的思想认可,也反映了中国历史上少数民族对炎黄文化的心理趋同。孔子曾将"文化"作为区分华夏和夷狄的标准,凡是按照"礼"的要求办事的人,就是华夏;凡是违背"礼"的要求者,就是夷狄。

我们的观点与以上论述大多相同,但上述中的一个观点尚可商榷。由于20世纪在长江流域有了许多新的考古发现,证明了中国古代民族起源和发展的多元性。但北方多种民族"华夷同祖"的观点,既然是古代多种权威史著的共同说法,当代史学家在拿不出反证的情况下,不能武断这些史著的这种说法是错误的。所以,匈奴、鲜卑和契丹等族可能与汉族同祖的说法不能随便予以否定。

唐太宗真喜欢魏征吗

中国历史上不乏因进谏而丢了官位丢了脑袋的例子，魏征却是个例外。唐太宗不但没像别的皇帝贬他的官要他的头，反而多次赏赐他、提升他。因而唐太宗纳谏便成为千古美谈，唐太宗在魏征死后的感叹，便穿过悠悠岁月，生动地流传到今天："以铜作镜，可以正衣冠；以史作镜，可以知兴替；以人作镜，可以知得失。"

唐太宗乃一世雄主，以他之尊，以他之豪，谁的话不听，别人拿他也没办法。而他不但听了，而且还礼遇谏诤之人，难怪列位史家都对此浓墨重彩、大书特书。

君臣之间能坦诚相待，以至死时悲哭不已，千秋之下，依然令人仰慕、令人感怀。

然而，唐太宗真的喜欢魏征吗？

之所以提出这样的问题是因为一件轶事让人起疑。那则轶事说，一天唐太宗正在摆弄一只鸟，大概挺名贵，也挺讨人喜欢。太宗正玩得高兴，别人告诉他魏征来了，他急忙把鸟藏在衣服里。等他与魏征谈完话，拿出鸟一看，鸟已经死了。

如果唐太宗对魏征毫不见外，他可能不会让鸟死于非命。当然，也可以理解为唐太宗对魏征的一种敬畏，但敬畏与喜欢毕竟不是一个概念。

另一个让人起疑的事出自《资治通鉴》。一次，太宗罢朝，回到家怒气冲冲地说，我非杀掉这个乡巴佬。长孙皇后忙问是谁，太宗说，魏征总是当大伙面辱我，长孙皇后退至后屋，穿上朝服为太宗道贺。长孙皇后说，我听说主明臣直。现在魏征正直正说明你英明呵！这时唐太宗才高兴起来。

这件事可以说明三个问题：一是皇后贤德，假如她火上浇油，添油加醋，魏征以后准没好日子过；二是太宗纳谏不像我们想象的那么轻松，当大伙面说他他也恼火；三是太宗纳谏也不光是为了国家，也是为了给自己树立一个虚心纳谏的美好形象。

说来我们应该体谅唐太宗。单看现今有些小土皇上独断专行、颐指气使的劲头，就知道谏诤是一件多难的事情。不然魏征不会对太宗说："愿陛下使臣为良臣，勿使臣为忠臣。"因为良臣不仅名声好，身家性命也没问题。忠臣就不同了，常常被斥被贬不说，弄不好还丢了身家性命。幸亏唐太宗懂得这样的道理：木材在画线之后才能锯直，君王在正直人规劝之下才能成为圣哲。所以他能超越历代帝王，成为虚心纳谏的榜样。可能够纳谏是一回事，喜不喜欢进谏的人又是一回事。

要说唐太宗一直不喜欢魏征肯定冤枉，但要说一直喜欢也不大令人信服。一般来讲，当统治者处于上升时期或想有所作为的时候，他会听取别人的批评和建议。可当他地位巩固或想混日子时，你却不知好歹一个劲儿在他耳边进言，他就会觉得不顺耳，甚至心烦。有时甚至还会产生逆反心理，明知你说得对，也不照你的办。

魏征的幸运之处在于，他谏诤时，正赶上唐太宗想治理国家，想有所作为。所以当有人告发魏征谋反时，太宗没征求魏征意见，就将那人杀了。魏征临死，太宗又许诺将女儿嫁到他家，并亲自为他撰写并题写了碑文。

不幸的是，魏征过去推荐的一个人参加了叛乱，让唐太宗想起了别人告魏征谋反的前言，又赶上别人说魏征曾将规劝唐太宗的话抄给别人看。这下激怒了唐太宗，不但解除了公主下嫁的婚约，还让人推倒了他亲自题写的墓碑。

而这一切，只是在魏征逝世半年之后，唐太宗对魏征态度前后判若两人。看来，唐太宗以前心里一定有些积怨，但被许多东西压住了，到了适当时机才爆发出来。

唐太宗比别的皇帝伟大，但他毕竟是个皇帝，心理承受能力毕竟有限，他承受到魏征死后半年，换了别人，魏征活着时恐怕就受不了了。

因而，太宗到底喜不喜欢魏征，实在不好下最后的结论。

中国四大美女之谜

一、昭君出塞

作为历史上"四大美人"之一的王昭君,虽在《汉书·匈奴传》和《后汉书·南匈奴传》等正史中有所记载,但是对于她为何出塞匈奴,历来众说纷纭,褒贬不一。

据说,王昭君在公元前33年被选入宫中。汉元帝是按画工的画像选宫女的。王昭君恃貌美,未买通画工毛延寿,结果被丑化,因而得不到皇上的宠爱。恰好这时匈奴呼韩邪单于东朝,要娶汉人女子为妻,王昭君留宫中实在无聊,于是自请去匈奴,经汉元帝同意,便出塞去和亲了。王昭君到了匈奴后,生儿育女,尽了贤妻良母之责。在呼韩邪单于死后,根据匈奴习俗,她又嫁后单于阏氏为妻。王昭君死后,葬于匈奴。这是历史上的一种记传。

历史上也有人认为,王昭君出塞是毛延寿设下的救国计策。画工毛延寿见其貌美,生怕汉元帝沉恋女色,于是有意把她画得丑。汉元帝原想以丑送人,当临别见到昭君曾想反悔,无奈已答应了,只得忍痛割爱。

据正史记载,王昭君出塞和亲,对汉匈边疆的安宁起了良好的作用。《汉书·匈奴传》载,昭君出塞和亲,在呼韩邪父子当政时期,汉匈关系和睦,说明政治联姻是有积极意义的。

可是也有人认为,汉室谋臣如云,猛将如雨,用妇人美女安邦息事,实在是有伤国体。

二、西施有无之谜

一般认为:西施,又称西子,是春秋末期越国人。相传姓施,名夷光,因居宁萝西村,故被称为西施。她虽出身寒微,但容貌非凡,是天下美人。公元前485年,西施被选入越都,经3年学舞习礼后,越国把西施、郑旦献给

97

吴王。

然而，被称为我国古代四大美女之一的西施，是否确有其人也是众说纷纭：肯定者有之，否定者有之，怀疑者也不乏其人。

据《管子》载："毛嫱，西施，天下之美人也。"作者管促系春秋初年人，因此西施要比勾践早100多年，从而否定有越王勾践献西施给吴王之说。清代戴望则据《庄子·齐物论》释文引司马彪云："毛嫱，古美人；西施，夏姬也。"认为西施是"夏时人，吴之西施明矣"。

但肯定越国有西施其人的人们认为，《管子》非一人之笔，亦非一时之作，上述这条史料是后人补进去的。至于西施的夏姬之说，按郭沫若的解释是，越人为夏禹之后，故越姬亦称夏姬。还有人以出土文物来证实：曾有两面绍兴出土的汉代制作的吴越人物画像铜镜，其上有王女上人（一作越王二女），均着宽袖长裙，峨冠博带。风姿绰约，亭亭玉立，无疑是西施、郑旦的形象；同一镜面上，还有勾践、西施、范蠡、伍子胥、吴王画像，所以西施与勾践为同一时代之说，是毫无疑问的。

不过，总的说来，迄今为止，关于西施的有无之说，还是公说公有理，婆说婆有理，尚未取得一致的看法。

三、貂蝉

谈起貂蝉，人们总是情不自禁地想到那句众人皆知的顺口溜"吕布戏蝉"，并编演了种种以之为名的戏剧，对其中人物的刻画也是淋漓尽致。

那么作为与西施、王昭君、杨贵妃齐名天下的"四大美人"之一的貂蝉，到底有什么特别之处呢？她到底是怎样的一个人呢？经查询，有4种比较贴近的说法：

一说她是王允的歌妓。王允在东汉献帝时任司徒，他为了除掉董卓，就想用美人计来达到目的。貂蝉知情后，表示愿意为王允效劳，她按王允的连环计，以其姿色挑起了吕布和董卓的矛盾，最后终于借吕布之手杀了董卓。

二说她是董卓的婢女。据《后汉书·吕布传》载："卓以布拳得免。布由是阴怨于卓。卓又使布守中阁，而私与侍婢情通，益不自安。"这记载就是传说凤仪亭掷戟之事，可见，貂蝉是董卓的婢女。

△ 四大美女画像

三说她是吕布之妻。据《三国志·吕布传》注引《英雄记载》吕布妻是随军生活的。故而，人们认为所记述的那位吕布之妻就是貂蝉。

四说她是吕布部将泰宜禄之妻。据《三国志·关云长传》注引《蜀记》载，曹操与刘备攻打吕布，关羽想娶泰宜禄之妻，曹操先是答应，待破城后，曹操却暗自据为己有，故而引起关羽的妒恨之心，后来关羽就把她杀了。元人杂剧《关公月下斩貂蝉》就是以此附会而成。所以泰宜禄之妻也就成了传说中的貂蝉。

关于貂蝉的传说更是言者多多，具体如何却莫衷一是。

四、杨贵妃下落不明

提到杨贵妃，更是无人不知，无人不晓，其名杨玉环，是唐玄宗妃子，被尊为中国古代四大美女之一，京剧《贵妃醉酒》至今仍被人们广为传颂，百看不厌。甚至还有如"环肥燕瘦，沉鱼落雁之容，闭月羞花之貌"之类的词语。然而她的归宿问题，人们也是说法不一。

1.缢死马嵬说。公元755年，安史叛乱。次年6月12日唐玄宗弃都长安，偕贵妃及随从出奔西蜀。次日中午，在到达陕西省马嵬坡时，六军不发，请诛杨。唐玄宗除处死杨国忠外，迫于情势，同意赐死杨贵妃，贵妃乃被缢死。此说影响最大，当前的史书辞书，大多采用此说。其主要根据是新旧《唐书》和《资治通鉴》等史书都载有杨贵妃缢死于马嵬：不过，杨贵妃在马嵬之死在唐代就有三种不同的说法：李益云："太真德染马蹄尽，朱阁影随天际空"，是说杨贵妃当死于失刃；刘禹锡云："贵人钦金悄，倏忽英暮"，说杨系吞金而死，陈鸿《长恨歌传》等则云，杨贵妃"死于尺组之下"，就是指杨被缢死。

2.逃亡日本说。日本民间和学术界有这样一种说法，当时在马嵬被缢身亡，乃是一个侍女。军中主帅陈玄礼怜贵妃貌美，不忍心杀她，就与高力士密谋，以侍女代死。杨玉环则由陈玄礼的亲信护送南逃，行至现上海附近扬帆出海。漂泊到了日本的久谷町久津等地，最后在日本终其天年。据称白居易《长恨歌》中"忽闻海上有仙山，山在虚无缥缈间"，就暗示了这件事。

3.流落民间说。20世纪20年代，俞平伯首先提出了这一看法。其主要根据是：陈鸿《长恨歌传》云："夫希代之事非遇出世之才润色之，则与时消没，不闻于世。"白居易《长恨歌》也暗示，如"马嵬坡下泥土中，不见玉颜空死处"等句，俞平伯认为，马嵬事起仓促，虽被赐死，但未必真死，死于马前的"蛾眉"是另一个人。后来杨贵妃流落民间了。其后之说，有人说她削发为尼老死庙宇，也有的人说她进了白云观做了道士（俞平伯持此说）。近些年来，随着文学革命的出现，不少学者赞同流落民间说，并进一步说杨贵妃是最后在东方滨海城市当了娼妓。

马嵬事件虽已过去千年，然而杨贵妃下落之谜，仍难以解开。

总之，王昭君、西施、貂蝉、杨贵妃这四位国色天香的美女在我国的历史舞台上虽不是说有着举足轻重的作用，却也影响到了王朝的篡改，关于她们的是非功过，只待后人细细评说。

龟兹古城为何被抛弃

唐朝诗人李顾在《听安万善吹觱篥歌》中写道："南山截竹为觱篥，此乐本自龟兹出。"诗中所说的龟兹，是我国古代西域大国之一。关于龟兹的最早记载，是在班固的《汉书》中。《汉书》记载：龟兹国，王治延城，去长安七千四百八十里。户六千九百七十，口八万一千三百一十七，胜兵二万一千七十六人。……能铸冶，有铅。东至都护治所乌垒城三百五十里。

龟兹处在西域中心的十字路口上，在塔里木沙漠边缘一个绿洲上。龟兹国是一座艺术的宫殿，全国居民能歌善舞，孕育了龟兹国独特的国情。龟兹的佛教文化也同样辉煌。它以佛教为国教，是西域小乘佛教的中心。龟兹的文化、艺术等都很发达，但是这个曾经显赫一时的西域大国，却在突然消亡了。

在新疆库车县城西约两公里的皮朗村有一座古城，据专家确认，这座古城就是当年龟兹国的都城。龟兹国原来所在的绿洲，现在仍然是一片绿洲，很多新疆人就在这里定居。但是，龟兹国却从历史中消失了，彻底地消失了。

对于龟兹古城的消亡，有很多奇诡而险峻的猜测，但都证据不足，无法得到确认。龟兹王国的消亡至今仍是一个让人费解的历史之谜。它既不是毁于战争，也不是毁于自然变故，更不是毁于瘟疫。因此，在尚无足够的出土文物做最后的证实之前，让我们看看民间的传说是如何解释的。这也是目前流传最广的一种说法。

根据传说，在公元840年前后，西迁的回鹘人占领了龟兹，龟兹国不复存在。此后，龟兹人一度被回鹘统治着，龟兹的文化就这样在战乱中断去，为后人留下数不清的疑问。新任可汗庞特勤打算将遭到战争创伤的龟兹都城修

华夏五千年历史解密

△ 龟兹古城

复起来，然而战争给人们留下了太多悲伤的记忆，都城里的百姓已经从心底里抛弃了这座城市，他们不愿意再睹物思情了。他们认为这个都城是被诅咒的，所以，他们想要离开这里。

这时，巫师也开始出来散布可怕的言论，弄得百姓人心惶惶。于是，有人开始商量着逃离都城。开始是一户两户，慢慢地，迁走的人越来越多，人们急迫地想要逃离这个城池。大规模的搬迁一度引起了官府的警惕和愤怒，庞特勤将抓到的逃离都城的人全部杀掉，希望能杀一儆百，阻止百姓外逃。结果却适得其反，庞特勤的杀戮使人们更加相信都城是凶城，认定巫师所言必定灵验，迁居之势愈演愈烈。

庞特勤想召集大臣们研究对策，结果没想到连贵族们也希望离开这座都城。看到所有人都要求迁都，庞特勤无奈只好正式下令迁都，他派一位大臣去选择新都城的地址。这位大臣先选定了龟兹西去100多公里的克孜尔千佛洞的附近，那里的大河和草滩足以养育一个都城的人。然而，就在当晚，大臣梦见新迁的都城里，到处都是森森白骨，人骨的架子横七竖八地到处都是。有一位白胡子的长者，用凄惨的哭腔不断地重复喊着："罪过呀，罪过……"大臣四处打听，才知道那里曾发生过一场惨烈的宗教之争，数千冤魂至今不得安宁。于是，大臣又选定了龟兹东边20多里的一个叫大龙池的地方。但是，突如其来的一场风沙刮得很奇怪，呜呜哇哇中传出一个声音："罪过呀，罪过……"大臣鉴于曾经做过的梦，立即放弃了这个地方。

这样，大臣辛辛苦苦奔波了数十天，仍然毫无结果，只好空手返回复命。当他走到距都城仅有40里的地方时，突然鼓乐齐鸣，一支迎亲的队伍出现在前面，就地歌舞起来。新娘新郎的歌唱中，不断重复着三个字：逛新城！

大臣很惊讶，环顾四周才发现，这里是距离昭怙厘佛寺很近，也是当年玄奘法师讲经的地方，这里人杰地灵，向来就有"吐鲁番的葡萄哈密的瓜，龟兹的姑娘一朵花"之说。大臣非常高兴，于是立刻上奏庞特勤，开始迁都。

根据这个传说，龟兹都城跟西域其他古城消亡情况不同，它不是因战争、灾荒的缘故搬迁，所以迁都的工作非常从容。人们把所有家当运走，连房子也拆掉。王宫里能搬的也都搬尽，搬不走的高大宫房也只留下了个空架子。在几十年后，人们开始在龟兹都城的旧址上种庄稼。庄稼长得是出奇的好，人们就进一步开垦，最后连一部分残存的遗址也给清光，只剩几面城墙。人们在它的周围植树造林，几百年下来，虽然砍砍伐伐从未停止，但这里还是形成了一片林海，风光宜人。

龟兹古城就这么被人类抛弃了。原因只有一个，这里流血太多，压迫得人透不过气来。

这个传说有很大的虚构成分，需要经过考证再确定是否可信、有多少可信。传说只能作为参考，龟兹古城消亡的来龙去脉，在历史上并没有留下记载。因此，龟兹古城是如何被抛弃的还有待专家进一步的研究。

华夏第一都到底在哪里

人类从原始氏族社会开始,随着生产能力的提高,社会不断进步,尧、舜、禹三代之后,禹的儿子启废除统治权禅让的传统,夺权成立父子相承的国家——夏。夏也便成为中国历史上第一个国家政权。有了国家政权,自然就会建立起相应的国家机制,建立国都。但是作为华夏第一都的夏都到底在哪里,是长期困扰历史学家的难题。专家学者们有下列几种猜测和推断,但却没能给我们一个准确的答案。

第一种猜测:禹州。禹州位于河南省中部,有着悠久的历史和丰厚的文化积淀,这成就了它独特的历史地位。古代大禹因治水有功,受封于此,禹之子启继位后,在此建立了中国历史上第一个奴隶制国家,史称夏朝,因此禹州素有"华夏第一都"的美誉。

第二种猜测:二里头。洛阳盆地自古以来就被认为是"天下之中",历来为兵家必争之地,帝王建都之所。殊不知在这里建立都城的历史,远在我们能看到的文字记录之前就开始了。如今在考古工作者铲下逐渐浮出地面的中华大地上最早之都城——二里头遗址,就坐落在洛阳盆地之中、今河南省偃师市境内。

自1959年二里头遗址发现以来,考古发掘工作持续了已有40余年,众多的中国乃至东亚"之最"在这里揭晓,比如迄今所知中国最早的大型宫殿建筑群、最早的青铜礼器群、最早的铸铜作坊……但最重要的,它是迄今可确认的中国最早的王朝都城遗址,素有"华夏第一都"之称。这座距今三千多年,兴盛了约300年的都城是当时中国乃至东亚地区最大的城市,以其为典型代表的二里头文化则是东亚历史上首次出现的"核心文化"(相对于相互间独立性较强的局部地域考古学文化)。因其存在时间和所处地域与古典文献中所载夏、商王朝大致对应，二里头遗址和二里头文化也成为探索中国早期王朝文明的重要对象。目前，学术界一般认为它应是夏王朝最后的都城，但由于尚未发现当时的文字记载，这一问题仍是待解之谜。

第三种猜测：临汾。相传临汾曾经是我国远古时第一个帝王尧的地盘，所以有"华夏第一都"之称。尧在任联盟首领后，将都城迁到临汾（古名平阳）。近年来，在临汾市及其周围的城乡相继发现了许多与尧、舜、禹相关的古迹：临汾城南的伊村，为帝尧故里；城东有尧陵，为三皇五帝中最巍峨的陵墓；紧邻临汾的洪洞县，有羊獬村，传说帝尧出巡在这里得到能辨忠奸的独角兽——獬羊，将两个女儿娥皇女英寄养此处，后娥皇女英嫁给舜；沿河西下，还可以看到尧庙，这里是历代国祭的场所。临汾历史的久远，由此可见一斑。

第四种猜测：运城夏县。夏县，古时称安邑，因我国奴隶社会第一个王朝——夏朝在此建都而得名，号称"华夏第一都"。地形概貌为七山二川一丘陵，境内山川相连，自然风光秀美，人文景点众多，是中华民族的发祥地之一。

第五种猜测：安阳。河南安阳是中国七朝古都，中华第一都。安阳市北部的后岗，发掘出层次分明的三层文化遗址，最下层的是距今六千多年前的仰韶彩陶文化，中层是龙山黑陶文化，上层则是距今三千年的小屯白陶文化，将历来争论不休的这三个文化孰先孰后的难题化解开来。而1928年对安阳小屯殷文化遗址的发掘，更有了震惊世界的发现。那些青铜器、玉器、牙雕骨器和贝币，向人们展示了三千年前一座繁华的古城，她的文明程度在当时应为世界之冠。甲骨文的发现，更让这繁华成为有文字史可证的往昔的真实。因此，有学者认为此处应是"华夏第一都"的所在地。

尽管猜测众多，也都各有道理，但事实究竟如何还需要考古学家的更多考古发现来证明，我们只能拭目以待了。

郑成功是怎么死的

郑成功是民族英雄，福建省南安市石井镇人。1624年8月27日，诞生于日本长崎县平户千里滨，史书记载他"少年聪敏，英勇有为"。其父郑芝龙，其母名田川氏。弘光时的监生，隆武帝赐姓朱、并封忠孝伯，这也就是他俗称"国姓爷"的由来。郑成功起兵抗清，后与张煌言联师北伐，震动东南。1662年率将士数万人，自厦门出发，于台湾禾寮港登陆，击败荷兰殖民者，收复台湾，更使他彪炳千古，青史留名。郑成功在1662年末得病逝世，在世38年。

郑成功从1662年6月16日（农历5月初一）得病，23日（农历5月初八）病亡。中间仅隔7天，一位中年壮男何以如此，就是这"得病逝世"，给后人留下了许多的疑惑和猜测。

△ 郑成功画像

同时代人如李光地、林时对、夏琳等人的笔记都很简单，一般是说"偶伤寒"、"感冒风寒"。另外，李光地提到"马信荐一医生以为中暑，投以凉剂，是晚而殂"（《榕村语录续集》）。林时对、夏琳等人提到郑成功死前的一些异常情状，林时对的《荷锸丛谈》中说郑成功"骤发癫狂"，"咬尽手指死"；夏琳的《闽海纪要》中载成功"顿足抚膺，大呼而殂"。

这些记载都很简略，虽然都记载了郑成功的死，但是具体因何而死，却没有详细说明，这就引起了人们的好奇和猜测。

有人说郑成功得的是肺结核病，有人说得恶性疟疾，有人说得流感等。外国学者乔治·菲利浦甚至认为郑成功得了"疯狂病"（《国姓爷的一生》）。另外有人则找出心理上、精神上的病因：当时郑成功之子郑经与乳母通奸生子，郑成功下令处死，郑经在恐惧之下竟欲与清军妥协，使性格刚强、崇尚礼教的郑成功在精神上受到极大刺激。

△ 厦门市鼓浪屿的郑成功雕像

另外，台湾学者李腾岳在《郑成功死因考》一文中提出了以下几件事情，他认为是导致郑成功精神上大受刺激，最终得上因感冒引起的一种急性热性病而致死。

一、郑经乱伦，加上将领不遵命，极度气愤。

二、粮食接济由于清廷的海禁和迁界大成问题。

三、病中得知永历皇帝蒙难，祖坟被掘，其父和弟辈10余人被处死于北京，使病情加剧。

还有人根据郑成功临终前后异常情状和当时郑氏集团内部斗争的背景，推测郑成功是被人投毒致死的，这大概是目前最引人注目的一种说法了。

无论人们猜测何种死因，都只是猜测而已，还没有确切的证据证实其中的说法，一切都有待进一步考证。

淝水之战的双方兵力到底有多悬殊

公元383年2月，前秦帝国的皇帝苻坚率大军南下想要一举灭掉苟安南方的东晋王朝统一天下。可是没想到，苻坚却以数量上绝对占优势的兵力，在淝水之战中惨遭失败，最后，自己也被叛军姚苌缢死。淝水之战是我国历史上有名的以少胜多的战役，但是到底双方兵力各有多少呢？

前秦帝国皇帝苻坚是位非常英明的君主，他重用汉族大臣王猛，"乱世用重典"，统一了北方各族，国家的综合实力也有很大的提高，国力也得到了很大的扩充。王猛死后，苻坚便决定率军南下，攻打腐败软弱的东晋王朝，于是便陈兵淝水以北，严阵以待。东晋朝野上下在听到前秦国王苻坚亲自率军来征时，束手无策，宰相谢安更是拿不出任何主意。在前方与前秦军队隔淝水相对的谢家子弟谢石和谢玄仅率少量兵力在淝水以南应战。

公元383年10月，苻坚派降将朱序前去晋营劝降，但是没想到朱序不仅没有劝降，还将前秦军的一些弱点透露给了晋军："秦军虽号称百万之众，但是还在进军中，如果兵力集中起来，晋军将难以抵御。所以，应趁秦军没有全部抵达之时，迅速发动进攻，只要能击败其前锋部队，挫其锐气，就能击破秦百万大军。"于是谢石便听信了他的话，派手下大将刘牢之奇袭洛涧，歼前秦军1.5万余人，并探清了前秦军的战斗力。于是他便写信给前秦先锋苻坚的弟弟苻融说："君悬军深入，而置阵逼水，此乃持久之计，非欲速战者也。若移阵少却，使晋兵得渡，以决胜负，不亦善乎？"前秦大臣都表示反对，苻坚却想趁晋军渡河之机一举将其歼灭，所以力排众议，答应了他的要求。然而前秦军并没有像春秋时期晋文公退避三舍仍井然有序，而是一开始便乱了阵脚，再加上朱序趁机在军中大喊："秦军败了！"人心更加慌乱，于是便更加混乱，无法指挥，晋军又趁机在背后发起猛烈攻击，结果大败，

△ 《淝水之战》

苻融战死，苻坚虽然暂时得到逃脱，但是不久之后便被部下杀死，前秦帝国也几近消亡。

在这场战役中，朱序说过"秦百大军"之类的话。历史上也称这次战役是一场非常有名的以少胜多的战役。那么到底双方各投入了多少兵力呢？史学家对此有以下几种不同的看法：

一、台湾史学家柏杨在他的著作《中国人史纲》中作了粗略地统计，他认为：公元383年，苻坚命他的弟弟苻融率领步骑兵一共25万作为先头部队南下。然后，他自己在后面统率步兵60万，骑兵27万的主力部队，陆续进抵淝水北岸。由此可见，前秦投入的兵力一共有112万人马。而同时的东晋王朝却只有谢石和谢玄手中的5万人马。但是事实上，真正参加了这场战争的，在淝水南北岸驻扎过的前秦部队却并不一定是前秦的112万。因为在前秦军队攻陷寿阳的时候，胡彬向谢石告急时发出"敌人强劲，我军无食，此生恐难相见"的密信被前秦截获。苻融因此而报告苻坚，并说："晋军兵少且弱，一击便破，如果我们迅速行动，那么必定能够一举将其歼灭，免得被其逃脱。"苻坚在得知消息后，急忙率8000骑兵急进，并命令后续部队随后行进。而同时，苻坚派去劝降的朱序却跟谢石说："秦军目前只有20万大军在寿阳城内，如果能立即采取行动，击败其先头部队，那么才有以少胜多的希望。"于是他便提出了过河作战的要求。由此可见,前秦的兵力并不是百万大军,至少有86万多人没有参加战争。所以说,虽然这也是一场以少胜多的战役,但是并非以5万兵力战胜百万大军的战役。

二、有的学者则认为,前秦军队连20万的兵力也没有投入。主要有以下几个理由:

首先,虽然苻融率领了25万的先锋部队到达淝水,但是前秦军队在到达颖口时便分兵为二,因为东晋名将桓冲早在几年前就料到苻坚有一日会南下侵犯。所以,他经常用手中的10万人马对前秦展开出其不意地进攻。就在这年五月,桓冲还率军攻打过襄阳,所以说,苻融不得不抽调大量人马对桓冲加以防备。而对于一个统兵10万的人来说,至少要拿出5万的兵力来才能有效地对他进行牵制。

其次,洛涧之战时,前秦梁成所部的5万军队,仅是被刘守之部歼灭的就有1.5万余,此外还有一些受伤的也不能参加战斗,所以这个部队保守估计可参与战斗的会有3万余人。

再次,寿阳原来是东晋的防御重地,所以前秦的后勤保障工作必定十分艰难,所以这至少也需要上万人马。

最后,晋军的一部还拖住了骠骑将军张蚝的部队,至少也得有1万左右的人马。所以,综上所述,前秦的部队总数约在26万人(苻坚从后方急行赶到时所带有8000名骑兵,可能只是警备部队)。

但是,真正能参加战争的保守估计是除去牵制桓冲的5万,死伤的2万,防卫寿春的1万和张蚝被拖住的最少1万,一共能参加战争的也就16万。

而东晋方面,据《太平御览》所引《十六国春秋·前秦录》中记载:"晋遣都督谢石,徐州刺史谢玄、豫州刺史桓伊水陆7万人败于淝水。"也就是说,一共有7万兵力。由此可以推断出,淝水之战双方投入的总兵力在22-23万人左右,而并不是想象中的,前秦以百万军队败于东晋的仅仅5万之兵。

明朝建文帝下落之谜

公元1402年，燕王朱棣发动了历史上著名的"靖难之役"，率军攻入当时的都城南京，一举争夺皇位。当他进入皇宫时，只见宫中大火冲天，建文帝不知去向。此后有关建文帝下落的流传很多，这件事也就成了一桩数百年来争论不决的悬案。

一、建文帝死于大火吗

最容易得出的一个结论，就是建文帝死于大火。这也是正统史书记载最详的一种观点。当年，燕王兵临城下，建文帝见大势已去，悲痛万分，于是下令焚烧宫殿，建文帝携皇后马氏一同入火自焚。燕王朱棣入宫后清宫三日，在火堆里找到了被烧焦的尸体，八天后下葬。《明太宗实录》中是这样记载的："上望见宫中烟起，急遣中使往救助。至已不及，中使出其尸于火，还白上。上哭曰：'果然若是痴耶。吾来，为扶翼尔为善，尔竟不谅，而遽至此乎！'备礼葬建文帝，遣官致祭，辍朝三日。"就是说，燕王朱棣见宫中火起，派人前去营救，但已来不及了。于是，有太监从火中找到了建文帝的尸体，燕王哭着说："你真是太傻了，我来是为了帮助你做好事，你怎么就不能理解，以至于如此呢？"随后，厚葬建文帝，并派官员祭奠，自己辍朝三日以示哀悼。

近代也有人认同这种观点，认为建文帝确实是自焚身亡了，因为当时燕军把皇宫团团包围，建文帝就是想逃也来不及了。何况，建文帝深知他的四叔是个贪权无厌、心狠手辣的武夫，落在他手里决无好下场，还不如一死了之。再说，朱棣也绝不会让建文帝继续活下去，否则，他就不能当皇帝。朱棣为了不留下"杀侄夺位"的臭名，后来故意苦心寻找建文帝下落，留下了历史一桩疑案，这可能是朱棣的用心之机。

△ 明成祖朱棣

但是，这个看似最合理观点却遭到了后人的普遍反对。首先，据史料记载，当时火中尸体已经满身焦烂，四肢不全，燕王凭什么知道所找到的尸体就是建文帝呢？退一步说，如果建文帝死于大火，并且备礼葬之，那么坟墓在哪里？建文帝是明朝的第二位皇帝，要实行"天子之礼"，如此规模的宏大葬礼，怎么没有坟墓，并且不为世人所知呢？据载，连明崇祯帝也曾感慨想要为建文帝上坟，却不知墓葬何处？不过，也有人提出建文帝确已死于大火，只不过安葬时采取了"不封不树"（就是坟墓上不留标志物，没有封土也没有树立石碑）的方法，因而不为世人所知。但是，这种说法也为许多史学家所反对，如果确实埋葬了建文帝，且"遣官致祭，辍朝三日"，不可能对建文帝葬于何处不留下蛛丝马迹。何况，《明太宗实录》本身的可信度就值得怀疑，作为明朝的官方史书，肯定要避讳，而且据说明成祖还曾下令对此进行了三次修改，以删除不利于自己的言论。

其次，当时的燕王出于政治上的需要，宣告建文帝死于大火，并且把其中一具尸体当成建文帝，上演了一幕假葬建文帝的闹剧也是完全可能的。正因为这样，那些追随和支持建文帝的人，看到群龙无首，也只有各自散去，从而有助于政治上的丰动，也为自己称帝扫除了障碍。但是所葬者是否为建文帝，明成祖恐怕也不相信，至少将信将疑，怀疑居多。因为，明成祖即位后，曾派人四处寻找建文帝，比如派胡尚书（胡濙）以寻找道士张三丰为名，多方察访建文帝的踪迹，达20余年；派郑和率领庞大的船队六下西洋，他们承载的第一使命就是"成祖疑惠帝亡海外，欲踪迹之"。如果确证建文帝已死，仅仅为了掩人耳目，不留下"杀侄夺位"的臭名，至于如此吗？况且，朱棣既然敢于发动"靖难之役"推翻皇侄的统治，还至于因顾忌"杀侄夺位"的臭名，而如此大规模地作秀？

再者，从后世史书记载中也可以找到这方面的论证。据记载，在建文帝被推翻的100多年后，万历二年十月，12岁的明神宗曾向首辅大臣张居正打听建文帝下落一事，张居正也模棱两可，不知所终，只是说道："国史不载此事，但先朝故者相传，言建文皇帝当靖难师入城，即削发披缁，从间道走出，后云游四方，人无知者。"从张居正的回答也可以看到，建文帝不大可能是自焚而死的。

另外，200多年后，清人在所修《明史》中，对建文帝下落记载的存疑态度也似乎佐证了建文帝死于大火不太可信。它是这样说的："宫中火起，帝不知所终。燕王遣中使出帝后尸于火中，越八日壬申葬之。"说"帝不知所终"，又说出建文帝和皇后的尸体于火中，8天后埋葬了，这本身就自相矛盾，难以自圆其说。并且接着在后面又加了一句，"或云，帝由地道出亡"，就是说有人认为建文帝由宫中地道逃亡而去了。从中可以看出，清朝修《明史》的这些饱学之士，也不认同建文帝死于大火，但是由于对建文帝的具体下落他们也弄不清楚，只好存疑。不过，在当时燕军四面围困京城的情况下，建文帝有可能逃出皇宫吗，会不会真的死于大火了呢？这恐怕难以说得清楚。

总之，从史料分析和明成祖派人多方寻找建文帝的情况看，说建文帝死于宫中大火，是一个无法解释清楚，也无法令人信服的说法。

二、改姓隐居说

2004年8月，南京有线电厂一位84岁的退休工程师让庆光先生带着一本自家保存多年的《让氏家谱》向媒体透露了一个惊人的消息：说建文帝当年并没有自焚于宫中大火，而是逃出南京，改名让銮，晚年在湖南、湖北一带定居。并且世代繁衍生息，他本人就是建文帝的十五世孙。由此，提出了建文帝为让氏先祖的全新说法。

让庆光先生介绍，建文帝当年从地道逃出皇宫后，隐居民间，改名让銮，并假扮僧道，云游于滇、黔、蜀、粤、桂、湘、鄂各省，在游历名山大

△ 明惠宗朱允炆

川期间，还题写过许多诗词和符号，向世人暗喻自己就是建文皇帝。晚年，让銮隐居于武昌，死后就葬在武昌洪山。

这些情况在《让氏家谱》中均有明确记载。至于建文帝隐居民间后，为何改姓"让"姓，让庆光解释，建文帝认为自己是逊位退国让出江山的，所以改名"让銮"，就是让出皇位的意思。他还指出，自己出生在武昌，而先祖建文皇帝就葬在洪山宝通寺的宝塔旁。在他小时候，宝通寺的和尚能明确指出建文帝的墓地所在，他们还常指引让庆光的祖辈前去祭扫。不过，经过这么多年的岁月变迁，这座本就隐匿的帝王陵寝，已经无法找到。

那么这本《让氏家谱》是否可信呢？经考证，这本家谱是1945年由让氏后人让廉修根据历代先祖口授心传的描述和家藏中元烧包单（上有历代祖先名讳）修撰而成。当时还得到了著名学者张其昀、昌彼得的认同，张其昀为该家谱题写书名，昌彼得则作《<让氏家谱>叙录》，都肯定让氏为建文帝后人的说法。而让庆光的舅舅、台湾的陈万鼐教授在1950年由台北百成书店出版的《明惠帝出亡考证》一书中，也认为让氏是建文帝的后裔。不过，他的观点在当时并没有引起史学家们的普遍关注。让庆光介绍，对于自己家族的这段历史，他自小就听父亲讲过，一直深埋心底。但是由于"先祖被夺去了皇位后，朱棣还多方寻找，想斩草除根，明朝的时候，祖先们自然是不敢暴露身份。而到了清代，更不能讲自己是明朝皇族后裔。这600年来，让氏只好一直隐瞒先祖身份，家族的历史也只能口耳相传，这本《让氏家谱》也是到上世纪40年代才敢公开编纂的"。到今天，"靖难之役"已经过去了600多年，让先生认为，是到了建文帝的后人站出来解开这个千古之谜的时候了。

中国社会科学院历史研究所博士生导师商传充分肯定了《让氏家谱》的价值，他不但详细考证了《让氏家谱》，还在《<让氏家谱>与建文帝出亡考》的论文中肯定了《让氏家谱》的历史意义。但是，他也说，虽然据"让氏家谱"所载让氏就是建文帝后人，但苦于没有实物证据，也就很难下结论了。不过，《让氏家谱》中说"公（指建文帝）生前书法甚佳，武昌候补衙范衷愚家有祖遗一联，是其墨宝。殁后葬于武昌洪山之阳，生殁不详，唯知其享寿一百岁整"。可见，如果真能找到建文帝留下的一副对联和他在武昌的墓地的话，谜团将被彻底解开。

据史料记载，建文帝曾有两个儿子，大的叫朱文奎，建文元年立为太子，燕军攻入南京的时候太子已经7岁，下落不明；老二叫朱文圭，当时年仅两岁，朱棣后来把他囚禁在中都（安徽凤阳）的广安宫。从2岁一直囚禁到57岁，等放出时牛马不辨，如同傻子，并且不久死去。是否如同有的史学者所推测的那样，让氏后人很可能是和建文帝一起逃出的太子朱文奎的后人呢？

总的说来，《让氏家谱》本身的真实性还有待进一步论证，说建文帝改名让銮，也有点让人难以置信。试想，在当时明成祖派人四处察访建文帝的情况下，让銮的称谓也未免太过于张扬了，简直有点"此地无银三百两"的味道。所以，建文帝为让氏先祖的说法，还需要进行充分的论证，必须找到强有力的证据才行。

历史上真有晁盖其人吗

著名古典小说《水浒传》里所写的晁盖，在劫取生辰纲后上梁山，林冲火拼王伦后，他被推举为首领。自从他当上首领，梁山泊的革命事业，才蓬勃地发展起来。攻打曾头市时，晁盖被史文恭射了一药箭，回山后毒发身亡。晁盖死后，宋江才坐了第一把交椅。

《水浒传》所写的晁盖，也可以见于其他作品中，但与《水浒传》中所写的不大一样。这个晁盖，历史上是否真有其人，究竟哪个作品写得符合历史上晁盖的真实事迹呢？

最早记载晁盖其人的是南宋龚圣予《宋江三十人赞》。铁天王晁盖在宋江36人中排34位。他的赞词是："毗沙天人，证紫金躯，顽铁铸汝，亦出洪炉。"这4句赞词活画出一个天人般的铁铸大汉，但在36人中的地位却是很低的。这可能是接近历史上晁盖的真实叙述。

宋、元间作品《宣和遗事》中，记载了晁盖、吴加亮等8人智劫生辰纲的故事。《宣和遗事》中的晁盖，虽然当过梁山泊的首领，但为时极短，所起的作用不大。

鲁西南民间传说晁盖、吴用等原在棘梁山占山为王。棘梁山又名司里山，位于梁山北约50里。因为东平府派大军进剿，晁盖等乘机转移阵地，与梁山泊宋江的队伍合并成一处起义大军。晁盖的义军转移后，官军一把大火，烧毁了起义军的聚义厅和粮仓。至今棘梁山东南角粮仓旧址，仍可扒出烧焦的粮粒。粮仓北面的聚义厅旧址，尚有一块巨石，巨石之上有几个石窝，是当年起义军插大旗的旗杆座。棘梁山北40里处的石庙村，相传为当年的石碣村。

郓城县的群众，都说历史上确实真有晁盖其人。清代初年，梁山泊所在地的寿张知县曹玉珂写的《过梁山记》中说："晁、宋皆有后于郓（城）。"至今山东郓城县西北晁庄村的晁姓人，自称是晁盖后裔，说郓城县的黄堆集就是当年的黄泥冈，郓城县白垓村就是白胜的家乡，白胜井至今尚存。黄堆集酒厂酿造的白胜酒，就是用传说中的白胜酿酒的古井水酿造而成的。

△ 水泊梁山

　　晁庄属丁里长乡，有103户人家，全是晁姓。《晁氏宗谱》记载的九世祖晁盉，他们说就是晁盖。因其造反，砍头入谱，即把旧时的繁体字"盖"字去"艹"头，就成为"盉"字。《晁氏宗谱》还记载五世祖晁补之（《宋史》有传）为元丰进士，曾任吏部员外郎、礼部郎中、国史编修等职，系郓城县晁姓的始祖。按晁补之生于宋仁宗皇禧五年（1053年），死于徽宗大观四年（1110年）。晁盉的兄弟晁彰，是金贞年间祐澹州都统，遭逸被害。晁彰子晁望死于大德三年（1299年），享年83岁。那么他是生于公元1217年。晁盉所生活的年代，距北宋宣和年间已90多年。这个晁盉不可能是与宋江同时代的人。《晁氏宗谱》有乾隆四十年（1775年）、光绪二十四年（1898年）和"民国"23年3种版本，关于晁盉的记载是相同的。

　　话本、杂剧、小说、民间传说中的晁盖各不相同。杂剧、小说、民间传说愈演愈生动，离真人真事的距离也就愈远矣。究竟历史上是否真有晁盖其人，历史上的晁盖真实情况怎样，还有待于继续探索。

唐玄宗为何迷恋杨玉环

玄宗李隆基和贵妃杨玉环的爱情，经过白居易《长恨歌》诗词的演绎，成为千古传唱。在此之后，历代撰写这段感人至深的爱情故事的文学作品，如雨后春笋，不绝于书。杨玉环是薄州永乐（今山西芮城）人，她是隋梁郡汪氏的四世孙，父亲杨玄琰。长大以后，她被聘为玄宗的儿子寿王李瑁的王妃。如果玄宗不贪色忘礼，抢自己的儿媳妇，杨玉环也许会一生平静，过一种悠闲的相夫教子的贵夫人生活，她也就不会为世人所知。然而，玄宗忘情夺爱，改变了她的生活，也改变了自己的生活，大唐的历史也出现了急剧的转折。

△ 唐玄宗李隆基

玄宗李隆基是风情中人，对于感情并不像人们想象的那么专一。他先后爱过很多女人，包括他在迷恋杨玉环时，对于梅妃江采萍也不能忘情，同时还有一位名叫念奴的美女常常随侍左右。当念奴每每执板吟咏的时候，总要眼送秋波，向玄宗传达万种风情，玄宗则总是乐于享受，后来《念奴娇》便成了宫中的一种曲牌。

玄宗即位前，任潞州驿驾，喜欢赵丽妃。随后，又移爱于钱妃、皇甫德仪、刘才人，直至武惠妃。武惠妃四十多岁死去，"后庭无当帝意者！"这年，玄宗52岁。后宫美人数位，竟没有一个令玄宗中意。这对于多情种子玄宗来说，无处寄托情怀，无异是一种酷刑。于是玄宗郁郁寡欢，时常发怒。这时，有近臣进奏说，杨玄琰有个女儿，名叫杨玉环，现为寿王妃，姿质天成。玄宗闻言大喜，也不管是自己的儿媳妇，当即吩咐入禁中观看。

不看不打紧，一看之下，玄宗傻了眼。"姿质丰艳，善歌舞，通音律，智慧过人，聪颖异常，情盼承迎，动移上意。"这样丰艳照人、风情万种的女人没法不让一个正常的男人动心，何况风流种子李隆基？李隆基傻眼一阵以后，缓过神来，觉得这令人馋涎欲滴的美女，还不能马上搂过来，因为她不是王妃，是自己的儿媳妇，起码先得改变这种身份。于是玄宗吩咐，让杨玉环先入籍女道士，赐号太真，尔后再迎后宫。"不期岁，礼遇如惠妃。"最后独享专房，宠冠后宫，令六宫粉黛失去颜色。

寿王见媳妇被父皇抢去，半句话也不敢说，只好忍气吞声。玄宗为了补偿，便聘韦诏训的女儿为寿王妃。寿王除听任摆布，又能如何呢？

杨玉环擅长歌舞，通晓音律，智算警悟，善解人意。玄宗极为喜欢，渐渐迷恋，不能自拔。不久，杨玉环专宠后宫，宫中称她为娘子，仪体规制等同皇后。天宝初年，杨玉环被册封为贵妃。

杨玉环何以如此迷人，令玄宗神魂颠倒，春宵苦短日高起，从此君王不早朝，这当然有原因。白居易在《长恨歌》中写道："后宫佳丽三千人，三千宠爱在一身，"那么人们不禁要问，杨玉环如何使玄宗如此迷恋于她呢？是她的天生丽质，肌肤白皙如"凝脂"；是她的"回眸一笑百媚生"的迷人媚态；是她的通晓音律，精于琴瑟；是她的羽服霓裳，能歌善舞？

有观点认为：玄宗熟悉音律，这在唐朝诸位皇帝中算是佼佼者。他自幼喜爱音乐，素质高，会作曲，能舞蹈，不少弟子都曾在梨园受过他的训练。而杨玉环身材好、体态美，又擅长旋律快速的西域舞蹈，加之杨玉环是个琵琶名手，古书记载：有一次，玄宗倡议用内地的乐器配合西域传来的5种乐器开一场演奏会，当时玄宗兴致勃勃，手持羯鼓，杨玉环弹奏琵琶，轻歌曼舞，昼夜不息。对于玄宗而言，当然精于音律的杨玉环就显得格外有魅力，难怪白居易诗也写道："缓歌曼舞凝丝竹，尽日君王看不足。"

另外，玄宗认识杨玉环前，曾宠爱过武惠妃，可是武惠妃与武后（武则

华夏五千年历史解密

天）有血缘关系，而杨玉环的父亲和叔父都只是在远离长安的四川做地方官。这对玄宗来说能在京城皇室血亲外认识知己杨玉环，当然会有新鲜感，杨玉环就具有连自身也没理会的另一种魅力。

杨玉环姿容出众，"不仅体态丰腴，肌肤细腻，且面似桃花带露，指若春葱凝唇，万缕青丝"。这对于重于声色的玄宗，也是具有吸引力的。

然而，最能使玄宗如痴如狂地迷恋杨玉环的，应是她有过人的聪颖，善于掌握男人的心理，又善解人意。例如在她被赐死时也毫无怨言，仅说道："妾诚负国恩，死无恨矣。"这又怎能不使玄宗皇帝日后此恨绵绵无绝期，直至抑郁而死呢！

另一种意见认为玄宗会迷恋上杨玉环，固然有杨玉环的一些魅力在起作用，而更主要的应是当时社会环境与皇家小家庭的变化在起决定作用。

△ 杨玉环画像

玄宗统治前期，继承唐太宗和武则天的业绩，他本人励精求治，勤政不辍，主持变革，革弊端，任用有才干的姚崇、宋璟为相，使吏治清明，"赋役宽平，刑罚清省"，唐朝封建经济和政治发展到顶点。值唐朝进入全盛时期，当朝皇帝骄奢心难免会代替求治心。玄宗对政治逐渐失去兴趣，对政事也产生倦怠感，在宰相与宦官的迎合下很快就怠惰政事，后来玄宗就任由李林甫等专权擅政，自己落得清闲，这样就有了时间纵欲享乐了。

"杯酒释兵权"真相之谜

宋太祖"杯酒释兵权"一事，历来为历史学家深信不疑，而且广泛流传。但近年来有的史学工作者又提出了新的意见，认为此事疑点甚多，实属子虚乌有。历史学家认为"杯酒释兵权"确有其事的主要依据是北宋中期以来的一些史料的记载。现存"杯酒释兵权"的最早记载，是北宋丁谓的《丁晋公谈录》（以下简称《谈录》）和《王文正公笔录》（以下简称《笔录》）。

王曾的《谈录》记述了赵匡胤与赵普关于此事的一段对话。赵普对赵匡胤说，禁军统帅石守信、王审琦兵权太重，不能让他当主帅，赵匡胤听后不以为然，认为石守信、王审琦这两位老将是自己多年的老朋友，决不会反对自己。赵普则进一步做工作，说石守信、王审琦这两位老将缺乏统帅才能，日后肯定制伏不了部下，后果将不堪设想。赵普终于说服了宋太祖，罢了两人的兵权。

《笔录》中说相国赵普几次劝说，宋太祖不得已，招来石守信等参加宴会，回顾过去时代的快乐之事，最后让他们自己选择好地方去养老，不要再掌管国事。

事隔半个世纪的司马光，在《涑水纪闻》中，对此事的记载更为详细，称宴会的第二天，赵匡胤的部将个个心领神会，都称病，请求解除军权。皇上答应了。

另一些人持否定的说法，他们认为，上述三种记载矛盾百出，很不可信。首先，《谈录》只讲罢石守信、王审琦二人的兵权，并无设宴请客这一情节。而《笔录》记载罢去兵权的夙将，除了石守信、王审琦外，还有其他几位将领，并增添了太祖设宴与老将回忆往事的情节。后世所说的"杯酒释

△ 宋太祖赵匡胤

兵权"一说，来源就出于此。《纪闻》则称石守信、王审琦等皆被罢军权，而又大事铺张设宴怀旧的情节，绘声绘影，恍如身历其境。距离当事人的时代愈远，记载却愈详，可见有许多人为的因素。

其次，3种说法都与赵普有关，但说法却不一致。据《谈录》，罢石守信、王审琦主兵似是宋太祖听了赵普一次谈话之后就决定的。据《笔录》，则是宋太祖在赵普多次苦谏之下才不得已而罢去他们的兵权。据《纪闻》，却是宋太祖、赵晋两人共同谋划的结果。

第三，上述3种史料，对石守信、王审琦被削去兵权后的出路，说法也各不相同，有的只说不掌兵权。有的说他们各自找到养老之地。有的则说他们丢了官。

第四，关于"释兵权"的内容也说法不一，有的说是指罢石守信等四人典禁军，有的则认为主要是为了削弱藩镇势力。

而且，"杯酒释兵权"这样一件大事，在北宋官方修编的书籍中，不见一个字。元末编成的《宋史》，对此事也不着点墨。

肯定"杯酒释兵权"的人认为史籍对此事不作记载，可能是一种疏忽或另有原因，并不能说明历史上没有发生这件事。否定这一说法的人认为，建隆二年6月甲午（初二）宋太祖母杜太后病逝，6月初到7月初，按照当时的惯例，应是国丧期间，朝廷上下不准作乐，更不准宴饮。赵匡胤不可能违反这种礼仪，在此期间设宴待客。

由此看来，"杯酒释兵权"是否确有其事，目前还不能做结论，还有待于新资料的发现。

忽必烈生父拖雷暴死之谜

忽必烈少年丧父，这给他幼小的心灵留下了难以平覆的创伤。其父拖雷40岁英年早逝，是殒命于险恶不测的汗位政治斗争，还是因其征战劳累致病或是酗酒过度，历来说法不一。

一种说法是拖雷贪杯而亡。古代草原英雄流传着"男人的事业在酒杯里，在马背上，在女人的肚皮上"的谚语，一代天骄成吉思汗就从先祖蒙古孛儿只斤·乞颜氏贵族世家沿袭下来以烈酒、美女、好马构成大漠豪杰的要素。大蒙古第二任可汗窝阔台自幼兵戎相见，骁勇善骑，只是嗜酒如命，亲近妖姬，纵情豪饮致中风不语而亡，只活了56岁。有人证实，拖雷生前也是一个毫无节制狂饮杯中物的酒徒，说他行军作战时饮酒过度而亡，似乎不无道理。

另一种说法是拖雷抱病而死。1232年初，拖雷率师假道陕西、湖北进入金境，乘大雪大破金兵主力，尽歼金军精锐35万人，随后与从白坡渡河南下的汗兄窝阔台会师。北返蒙古途中，窝阔台身染重病。据《蒙古秘史》记载，这是金国阵亡将士对窝阔台的报复，依照蒙古习俗，萨蛮们要集合起来施行巫术，还要用念过咒的神水洗病。这时，拖雷正好跨进汗兄的帐篷，很虔诚地说道："长生天！如果你对罪恶发怒，那我的罪恶比他更多。我在战争中滥杀无辜，迫使许多家庭妻离子散，流落荒野。如果你要把自己的奴隶带到自己的驻所，那我比窝阔台合汗更相称，更合适让你带走。长生天！让他病愈吧，把他的病加在我身上。"说完举起那杯灾祸的神水一饮而尽。几天后，窝阔台病愈了，而拖雷却莫名其妙地死于征金大军中。

而更为可信的说法，则是窝阔台暗害了胞弟拖雷。兄弟俩夙怨已久，成吉思汗打破蒙古旧制确立窝阔台继承汗位就为日后诸子相敌埋下了种子。成

△ 元睿宗拖雷和显懿庄圣皇后唆鲁禾帖尼

吉思汗仙逝王位空缺的两年中，掌管军队的幼子拖雷监摄国政，这期间拖雷会不会暗中布置试图称雄呢？当1229年秋东西道诸王及贵戚勋臣在怯绿连河上游成吉思汗的大翰尔朵举行的推汗大会上，祖命在先的窝阔台一再避让对此就作了最好的注解。大会争议了41天，波斯人志费尼在其著《世界征服者史》一书中披露的情节，让人们怀疑拖雷的觊觎汗位与窝阔台因担心大权旁落而精细耐心地做好各方面工作。

再看窝阔台，他是个性情复杂的人物，有宽仁的一面，也有残忍、苛暴、非人性的一面。在蒙古宫廷的斗争中，窝阔台更为严酷、刻毒。四弟拖雷一直是窝阔台稳固汗位的隐患，他不但具有坚实的军事实力，而且在攻金战役中表现出卓越的军事才能，这不能不引起窝阔台的嫉恨。在从金国凯旋北返途中，窝阔台心生一计，假装卧病不起奄奄一息的样子，忠厚的拖雷侍兄于榻前，焦急万分。蒙古萨蛮巫师装神弄鬼，诵念咒语，借助神灵将窝阔台的疾病涤除在一只木杯中。出于对兄长的爱戴，拖雷举杯祈祷，情愿为兄消灾祛病，遂喝下巫师涤除疾病的神水。于是窝阔台病愈，拖雷便告辞起行，不几天就死去了。

很明显，窝阔台事先在这杯咒水中做了手脚，毒死了拖雷。窝阔台借助于迷信除去了他最大的政敌，这样做可以把汗位延续在自己的体系中。

李自成为何要杀谋士李岩

　　明末爆发了李自成农民起义。在李自成的起义队伍中,有一位著名的谋士李岩,他提出"迎闯王,不纳粮"的口号,为起义部队赢得了民心。对李岩的结局,《绥寇纪略》中作了记载:定州失败后,有人说河南全境都向明朝军队投降了。李自成闻言大惊失色,同部下商议对策。李岩主动请缨,愿意亲率两万精兵,赶到中州,附近的郡县一定不敢再轻举妄动,就是有敢暴乱者,也能及早收拾他。另一谋士牛金星要闯王答应李岩的请求,闯王当时没有回答。不久,闯王恐怕李岩另有所图,这时牛金星向闯王进言,要寻找机会除掉李岩,得到闯王首肯。第二天,牛金星以李自成的名义召李岩到军营中饮酒,安排伏兵在营中隐蔽处,李岩和他的弟弟李年同时被擒杀。

　　这段记载虽有首有尾,但对李自成杀害李岩的原因交代得并不清楚。"恐怕李岩另有所图"究竟是何意?也许从李岩的身世能看出一点端倪。据正史记载,李岩原名李信,河南杞县人,明朝兵部尚书李精白之子,参加科举考试得中举人。因为力劝当地官府停征苛捐杂税,并拿出家中存粮赈济灾民,得罪了地方政府和豪绅,被捕入狱。李自成的部队攻破杞县时,被救出狱,因而投降了李自成,后因功绩被封为将军。从史料记载看,李岩出生于显赫的家族,与农民起义军本来就是不同的阶级出身。开始时他可能因为才能而得到李自成赏识,但李自成终究是农民出身,有其阶级保守性。后来李岩越是显露才华,他越是不高兴,甚至怀疑有一天李岩会取自己而代之,因而动了杀机。

　　当然,这样解释李自成为什么杀害李岩不足为据,仅仅是猜测之辞。

曹操华容道脱身之谜

赤壁一战，曹军兵败如山倒，曹操败走华容道，几乎殒命于此。然曹操终致大难不死，全身而退。关于曹操当时究竟是如何脱身的，《三国演义》和正史文献给出了两种说法。

据《三国演义》载，曹操当日华容道脱身乃是拜关羽义释所赐。其中有一段是这样说的："……云长是个义重如山之人，想起当日曹操许多恩义，与后来过五关斩六将之事，如何不动心？又见曹军惶惶皆欲垂泪，一发心中不忍。于是把马头勒回，谓从军曰：'四散摆开。'这个分明是放曹操的意思。操见云长回马，便和众将一齐冲将过去，云长回身时，曹操已与众将过去了。云长大喝一声，众军皆下马，哭拜于地。云长愈加不忍。正犹豫间，张辽骤马而至。云长见了，又动故旧之情，长叹一声，并皆放去。"后人有诗曰："曹瞒兵败走华容，正与关公狭路逢。只为当初恩义重，放开金锁走蛟龙。"这也就是流传民间的"诸葛亮智算华容，关云长义释曹操"的故事。

△ 曹操画像

而正史中则是这样记载的，《三国志·武帝纪》注中引《山阳公载记》曰："公（指曹操）船舰为（刘）备所烧，引军从华容道步归，遇泥泞，道不通，天又大风，悉使羸兵（病弱之兵）负草填之，骑乃得过。羸兵为人马所蹈藉（践踏），陷泥中，死者甚众。军既得出，公大喜，诸将问之，公

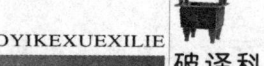

△ 《三国志》和《三国演义》里指的华容道就是在华容县的桃花山上

曰：'刘备，吾俦也，但得计少晚，向使早放火，吾徒无类矣。'备寻亦放火而无所及。"说的是华容道并没有关羽把守，刘备虽曾想到火烧华容，但是因错过时机而未能得逞，结果让曹操得以侥幸逃脱。

实际上，支持后一种说法的人较多：一方面是因为吴蜀联军本就兵源短缺，尤其是刘备势力最弱，能够与曹军在赤壁一搏，已经实属难得，哪里还能分兵驻守华容道；另一方面，《三国演义》虽然也以历史为据，但毕竟属于文学作品，为了突出关羽的"义绝"，如此设计情节也在情理之中，即是说虚构的成分主导了这一史实，故可信度不高。

总而言之，曹操能够逃身华容道，并非像"说三国"中描述的那样狼狈不堪，而是另有原因，至于是否就是正史中所载的那种情况，还有待于进一步确证。

曾国藩不称帝之谜

曾国藩（1811~1872）是中国近代史上最有影响的人物之一。他从湖南双峰一个偏僻的小山村以一个书生入京赴考，28岁便考中了进士，从此之后，他一步一阶地踏上仕途之路，并成为军机大臣穆彰阿的得力门生。在京十多年间，他先后任翰林院庶吉士，累迁侍读，侍讲学士，文渊阁直阁事，内阁学士，稽查中书科事务，礼部侍郎及署兵部、工部、刑部、吏部侍郎等职，曾国藩就是沿着这条仕途之道，步步升迁到二品官位。

曾国藩一生功过，让人争论不休。他曾被人推许为孔子、朱子以后再度复兴儒学的先哲；建树功业、转移运世的伟人贤者，清朝咸同中兴第一名臣。但也有人骂他是民贼、元凶、汉奸、民族罪人、擅权滥杀的"曾剃头"、好名失德的"伪君子"，可谓毁誉参半。早在曾国藩镇压太平天国时，即有人责其杀人过多，送其绰号"曾剃头"。

令后人产生疑问的是：曾国藩在平定太平天国运动的过程中，手握重兵，掌握地方大权，他有没有过推翻清王朝并取而代之的想法？他不但自己不做皇帝，还在镇压太平天国运动后，主动解散了湘军，并强迫弟弟曾国荃离职回家。

曾国藩为何要这么做？一般认为有三点理由：一是他根深蒂固的忠君思想使然，他深受晚清理学大师唐鉴的影响，起兵的目的相当明确：一是保卫明教；二是保卫地主阶级利益；三是保卫清朝。其个人追求是做一个中兴之臣，封侯拜相，光宗耀祖。曾国藩深受中国传统儒家思想浸淫。他学习孜孜不倦，苦读日夜不息，尤其在京参加朝考进入庶常馆学习后，"日以读书为业"。勤于求教，不耻下问，博览历史，重视理学，还读了大量的诗词古文，才华横溢，满腹经纶。由于他博览群书，涉猎文献，故在政治上有自己的独特观点：如要统治者"内圣外王"，要自如地运用儒法思想治理天下。他推崇程朱理学，曾提出治理天下之办法，涉及吏治与廉洁，选材与用材，物质与财用，兵力与兵法等。

尽管部将曾国荃等屡次劝进，均被他严词拒绝。

二是称帝条件不具备。南有曾国藩，北有僧格林沁，这两人被清王朝倚为股肱之臣。当时科尔沁亲王僧格林沁最受器重，拥有一支以强大的骑兵为主的庞大队伍，不同于八旗兵，战斗力很强，而且部署在中原河南腹地，虎视东南，也使曾国藩不能轻举妄动。

而曾国藩起兵是以保卫明教和忠君保国相号召，一旦称帝，实属不忠不义、大逆不道，人心必失。就湘军内部而言，左宗棠名下者为楚军，李鸿章名下者为淮军，湘、楚、淮虽有关联，但湘军实已分裂。此外，以英国为首的国际在华势力已决定扶持清政府。这些因素，曾国藩不会考虑不到的。因此，尽管曾国荃等一再劝其取清王朝而代之，曾国藩却打定主意不为所动。

曾国藩是被中国传统文化熏陶出来的"修身、齐家、治国、平天下"的典型知识分子。他认为"功不必自己出，名不必自己成"，"功成身退，愈急愈好"。他认为古人修身有四端可效："慎独则心泰，主敬则身强，求人则人悦，思诚则神钦。"曾国藩不信医药，不信僧巫，不信地仙，守笃诚，戒机巧，抱道守真，不慕富贵，"人生有穷达，知命而无忧"。

这些是他成为清朝中兴名臣的思想基础。曾国藩从外表而言，也是典型的知识分子："貌之过人者，眼作三角形，常如欲睡，身材仅中人，行步则极厚重，言语迟缓。"

曾国藩没有称帝野心，只做中兴之臣，客观上对维护国家统一、抵御外强侵略起到积极作用。当时，太平天国首都天京被攻陷后，尚有余部30万人活动于各地，北方的东西捻军方兴未艾。国内动乱频仍，外国列强环伺中华，虎视眈眈，内忧外患之中，如果曾国藩趁机称帝，战乱又起，中国统一的前途和命运又会经历更多磨难，人民更会置身于水深火热之中。仅从这个意义上讲，曾国藩也算是国家民族的有功之臣。

究竟是谁领导了武昌起义

武昌起义是清宣统三年八月十九日（公元1911年10月10日）在湖北武昌发动的一次成功的起义。是年为农历辛亥，故又称辛亥武昌起义。

宣统三年（公元1911年）清政府借实行铁路国有的名义，将民办的川汉、粤汉铁路收归国有，并以铁路修筑权为抵押，向英、法、德、美四国银行团借款，激起川、鄂、湘、粤各省人民的反抗。四川成立保路同志会，举行请愿，遭到镇压，后发展为各县人民的武装反抗。清政府派川汉铁路大臣端方从湖北率新军入川镇压保路运动。在同盟会的影响下，早已在湖北新军和会党中积蓄了力量的"文字社"和"共进会"于八月统一组织了起义的领导机构，共推蒋翊武为临时司令，孙武为参谋长，决定于10月6日举行起义，因计划未妥，改为10月11日起义。但因起义前两天起义领导机关暴露遭破坏，形成群龙无首，形势紧迫。在此紧急关头，10日新军中革命党人主动联络，决定按原计划立即起义。当晚工程营、辎重营先后发难，熊秉坤率队占领楚望台军械局，推左队队官吴兆麟为临时总指挥，各营纷纷响应起义，指挥队伍向总督署和第8镇司令部进攻，湖广总督瑞澂、第8镇统制张彪逃走。11日黎明占领武昌，汉阳、汉口相继收复。革命党人发表宣言，改国号为"中华民国"，号召各省起义。在之后的两个月内，湖南、陕西、江西等13个省相继宣布独立，形成全国规模的辛亥革命。

然而武昌起义是谁领导的？至今仍有争论。

一说"中部同盟会直接领导，文学社、共进会直接推动"。此说认为中部同盟会，特别注意了对长江流域革命形势的推进，谭人凤、宋教仁是中部同盟会的主要活动分子，他们秘密来往于沪汉间和孙武、居正等商讨进行办法，于是文学社和共进会事实上成了中部同盟会的分机关。

△ 武昌起义军政府旧址

  一说"文学社、共进会共同领导"，持此论者认为武昌起义是文学社和共进会联合领导的。在武昌起义酝酿时期的前期，同盟会与文学社、共进社，基本没有什么联系，更谈不上领导与被领导的关系。后期湖北革命党人争取同盟会的领导，但同盟会领导很不得力，遇事犹豫不决，只是在两个团体联合上做了些斡旋工作而已。

  究竟谁是这次起义的领导？已经争议了80多年了，该是世人揭开谜底的时候了！

毛笔是不是蒙恬发明的

千百年来，流传着毛笔是秦朝蒙恬发明的。毛笔真的是蒙恬发明的吗？

笔墨纸砚称"文房四宝"，是我国具有民族特色的书写工具。千百年来，流传着毛笔是秦朝蒙恬发明的说法。根据《辞源》记载："恬始作笔，以枯木为管，鹿毛为柱，羊毛为被。"明确记载着蒙恬发明毛笔的事。

然而，毛笔真的是蒙恬发明的吗？蒙恬是两千多年前的秦朝大将。秦始皇统一六国后，命蒙恬率领三十万大军，北击匈奴，收复河套，修筑万里长城，抵御匈奴贵族对汉族的掠夺，保卫了北方人民的生命财产，保卫了中原地区经济文化的发展。秦始皇死后，赵高立胡亥为二世皇帝，蒙恬被逼自杀。但人们却怀念着蒙恬的功绩。毛笔发明之前，中国的文字是用刀刻的，传说蒙恬率军边疆，经常要向秦始皇奏报军情。由于边情瞬息多变，文书往来频繁，刀刻速度极为缓慢。蒙恬手下的人，几乎天天熬夜赶刻，还是来不及。情急智生，蒙恬随手从士兵手中的武器上撕下一撮红缨，绑在竹竿上，蘸着点颜色在白色的丝绢上书写起来。写着写着，觉得速度较快，于是蒙恬命手下的人，如法炮制，做了许多能写字的工具。北方野狼较多，士兵经常打狼，剥制狼皮，做衣取暖。废物利用，就把狼毛做成笔头。塞外草原，人民多放牧羊群作为食粮，因而也用羊毛做成笔头。这就是流传下来的狼毫笔和羊毫笔了。

1954年6月，长沙左家公山发掘了一座完整的战国墓，随葬品保存良好。其中竹筐内发现了毛笔。据记载，毛笔"全身套在一支小竹管里，杆长18.5厘米，径0.4厘米，毛长2.5厘米。据制笔的老技工观察，认为毛笔是用上好的羊毛做成的。做法与现在的笔有些不同，不是将笔毛插在笔杆内，而是将笔毛围在杆的一端，然后用细小的丝线缠住，外面涂漆。与笔放在一起的还有竹片、铜削、小竹筒三件，据推测可能是当时写字的整套工具，竹片的作用相当于后世的纸，铜削是刮削竹片用的，小竹筒可能是贮墨一类的物质。这支毛笔的发现，对中国毛笔的发明史是一个最重要证据，在研究中国文化史上是具有重大价值的。这是迄今发现的时代较早最完整的一支毛笔。它比蒙恬发明的毛笔时间要早。

在清朝光绪年间发现了甲骨文字。它的功绩在于确证了商朝的历史，证明了司马迁著的《史记》中关于商朝的历史是可信的。在河南安阳殷墟的考古发掘中，发现了大量商代的甲骨文，这是我国古代流传下来最成熟的文字，是现在使用的汉字的前身。甲骨文是刻在龟甲和兽骨上的文字，规划整齐，刚劲挺拔，有的字纤如毫发。龟甲与兽骨，质地非常坚硬，究竟用什么工具刻制而成，至今还是一个谜。甲骨文究竟是先写后刻，还是直接刻，至今也是一个谜。从清朝末年至今，在各地发现的甲骨文字，有数十万片之多，其中也发现了一些写而未刻的，因而就产生了一个问题，三千年前，在毛笔发明之前，究竟是用什么东西作为书写工具的？

五六千年前，分布在我国黄河流域的新石器时代的仰韶文化，它的文化特点是彩陶，是我国古老的艺术珍品。彩陶器形较多，有陶质的盆、钵、碗、壶、罐等。在外部或口沿，或里面，绘有各种各样生动美丽的图案，如人面纹、鱼纹、鸟纹、鹿纹、蛙纹、三角纹、圆点纹、网格纹、波折纹等，有的图案还带有原始社会的神秘感，线条流畅，技法多变。彩陶的制作过程，是先在软的陶坯上描绘图案，然后再放进窑内烘烧。推测当时的描绘工具，应属毛笔一类较软而富有弹性的，这样才能使图案流畅自然。但究竟是一种什么样的绘画工具，至今没有发现实物，所以不得其解。如果确实是毛笔一类的工具，那时间就要往上推到六七千年之前了。

总之，千百年来相传毛笔是蒙恬发明的，且有史籍记载。而从现有的考古发掘的资料来看，在蒙恬以前已有毛笔了。但究竟是什么人发明毛笔的？为什么会把毛笔的发明权加在蒙恬的头上，至今还是一个谜。

酒在中国出现于何时

无论是喜庆宴席，还是亲朋往来，甚至在口常家宴中，酒已成为人们的必备之物。然而，酒在中国是什么时间产生的？它是怎样产生的？未必人人知晓。这也难怪，因为关于酒的起源问题在学术界上一直存在很大分歧。

最普遍的一种说法认为酒是夏禹时一个叫做仪狄的人制造的。这个意见最早似乎见于成书于公元前2世纪的《吕氏春秋》。《孟子》里也有"禹恶旨酒"的话。战国时史官所撰《世本》，更明确地说"仪狄始作酒"。

这个说法在学术界一直有很大影响，范文澜甚至根据夏禹时酿酒的出现而推断夏代已经形成阶级社会。范文澜的结论受到一些学者的批评。因为在讨论古代社会的许多文章中，似乎都没有以酒作为阶级社会形成的标志。而且，大量的民族学资料表明：现在还有一些落后的部族，阶级尚未明显分化，而酿酒和饮酒的习惯却很普遍。

那么，中国的酿酒究竟始于何时呢？

战国时期成书的《黄帝内经·素问》认为酒在传说中的黄帝时代就有了。唐朝人陆龟蒙在《签泽丛书》中曾提到舜的盲父曾用酒去害舜的传说。宋朝人寇宗奭在《本草衍义》中也说："《本草》中已著酒名，信非仪狄明矣。又读《素问》，首先以妄为常，以酒为浆。如此则酒自黄帝始，非仪狄也。"

在古代，由于人们不能正确理解人与自然界的关系，往往将许多发明创造归功于某个帝王或英雄，这显然是不符合历史事实的。在这些传说中，影响最大的莫过于所谓杜康或少康造酒之说。宋朝人高承在其所著《事物纪原》中，引了《博物志》、魏武帝诗、《玉篇》和陶潜《述酒·题注》，而最后认为"不知杜康何世人，而古今多言其始造酒也。一曰少康作秫酒"。

△ 古代酿酒示意图

  晋朝人江统在《酒诰》中就怀疑过仪狄、杜康造酒的说法。他说:"酒之所兴,肇自上皇;或云仪狄,一曰杜康。有饭不尽,委余空桑,郁积成味,久蓄气芳。本出于此,不由奇方。"江统的意思是说,酒的产生并不是黄帝、仪狄、杜康等人的发明创造,而是人们将煮熟了的剩饭无意中丢在野外树林里,"郁积成味,久蓄气芳",是通过自然发酵而成的。

  当然,原始社会烧炒或蒸煮谷物的技术和设备不可能和江统时代相比,而是十分简陋的。但是,江统"委饭空桑"的说法是符合制曲原理的。它比起所谓仪狄、杜康作酒的传说更合乎科学道理。在人们开始有了农业之后,经过烧炒或蒸煮过的谷粒,如果没有立即吃掉,残留搁置就会发霉、长毛。而在我国黄河流域的空气中,飘动着许多糖化毛霉的袍子和酵母的细胞,熟食遇到它们就会变成酒曲。这种长了毛的谷粒泡上水,就会生出酒来。

  另外,西汉刘安在《淮南子》里就认为"清酞之美,始于宋韶",就是说,酿酒的起源几乎是和农业生产同时开始的。据此,袁翰青主张,酿酒的起源在人类历史上应当是很早很早的。在旧石器时代就可能发现野果自行发酵;到了新石器时代,农业开始后不久就可能有谷物造的酒了。在中国,麦曲酿酒乃是超越了其他民族的一项很早的重大发明。这项发明的时代,应当早于传说中的夏朝。

  然而,应当是一回事,事实又是另一回事。因而,关于酿酒的起源仍是一个值得探索的谜。

《十面埋伏》的作者是谁

琵琶古曲《十面埋伏》以其史诗般的气势再现了我国历史上著名而悲壮的楚汉之争的最后一场战役——垓下之战。这首曲子以其英雄的气势，史诗的宏伟征服了古今中外无数听众。然而，这首世界名曲的作者是谁，至今还是个谜。

《十面埋伏》的曲谱最早见于1818年所刊印的华秋苹《琵琶谱》，谱中既无作者姓名，又无产生时代，只在"跋"中称它为"古曲"。而在李芳园编订的《南北派十三套大曲琵琶新谱》（1895年刊印）中，《十面埋伏》改名为《椎阴平楚》，并标上了"隋。秦汉子作"。但是，据《旧唐书》记载，秦汉子并非人名，而是唐人对秦汉时期流传的一种弹拨乐器的俗称。李氏分明是托古杜撰，不足为信。

唐代的琵琶已具有相当丰富的艺术表现力了，出现了一批以战争为题材的琵琶曲，如《凉州曲》、《秦王破阵乐》等，在唐诗中则有更加具体形象的描绘："银瓶乍破水浆迸，铁骑突出刀枪鸣。"（白居易《琵琶行》）"千悲万恨四五弦，弦中甲马声骈阗。"（无名氏《琵琶》）"倒腕斜挑掣流电，春雷直戛腾秋鹘。"（刘景复《梦为吴泰伯作胜儿歌》）"千靶鸣锅发胡弓，万片清球击虞庙。"（元稹《五弦弹》）有人据此认为，《十面埋伏》产生于唐朝是有可能的。但是，这只是一种可能而已，何况曲中首段有模仿火炮的音响，这在唐朝是没有生活依据的，因为火炮在宋末元初的战争中才出现。

据明沈榜《宛署杂记》称："李近楼号'琵琶绝'……能于弦中作将军下教场、鼓乐、炮、喊之声，一时并作。"《十面埋伏》中也有"列营"、"吹打"、"点将"、"呐喊"等段落，所以，这"一时并作"之声，很可能就是《十面埋伏》的雏形。李近楼是一位多才多艺的音乐家，琴、筝、笛无一不通，尤精于琵琶，被时人誉为"京师绝艺"、"琵琶第一"。他的指功惊人，"可见他的技艺具备了创作和演奏《十面埋伏》的条件，但要确认其为《十面埋伏》的作者，还需更多的史料论证。

有人根据明末清初文人王献定（1598～1662年）《四照堂集》中的《汤琵琶传》一文，认为《十面埋伏》的作者是明代琵琶演奏家汤应曾（约1585～1652年）。汤氏"所弹古曲百十余曲……而尤得于《楚汉》一曲"。这首《楚汉》即《十面埋伏》的前身。有人将《十面埋伏》首段的旋律与维吾尔族北疆《古典歌曲》第七套第五曲作了比较，发现两者的调式、骨干音、终止式和气质十分相似，因而认为《十面埋伏》吸收了西北少数民族的音乐。而汤应曾在成为当时著名的琵琶演奏家后，曾被征戍，随军到过嘉峪关、张掖、酒泉等西北战场，以音乐鼓舞士气，振奋军威。这使汤应曾不仅亲历战场，领略战火纷飞，金戈铁马的景象，而且有学习西北少数民族音乐的机会，为他以后创作《十面埋伏》提供了生活依据和音乐素材。但是，与汤应曾交往甚密，结为知交，并为他写传的王配定在《汤琵琶传》中却没有写明汤应曾创作了《十面埋伏》，而将《十面埋伏》列入"古曲"一类。这对持《十面埋伏》的作者是汤氏观点者不能不说是个难以解释的问题。

有人认为，许多琵琶古曲都是土生土长，经过几代民间艺人的辛勤培植才趋于成熟的，作者无从考证，《十面埋伏》也不例外。但是，琵琶古曲与民歌又有所不同，不少文人和宫廷乐师也参与了琵琶曲的创作和演奏，如王维的《郁轮袍》、康昆仑的《羽调录要》等，《十面埋伏》可能也是如此。所以，随着新史料的发现和研究的进一步深入，《十面埋伏》的作者姓名有可能重见天日。

墨竹画始于吴道子吗

我国历代文人对竹子有着特殊的感情，早在晋代就有阮籍、嵇康等七名士，常集于竹林之下饮酒清谈，人谓之"竹林七贤"。又有王献之（书法家，著名书法家王羲之之子）在住处广种竹树，对竹啸咏，还指着竹说"不可一日无此君"。北宋大诗人苏东坡曾写道："可使食无肉，不可居无竹；无肉令人瘦，无竹令人俗。"

中国画画竹有色竹、朱竹、墨竹之分，墨竹以其绝对优势压倒其他，然而墨竹肇始于何人何时？历来史家说法不一，成了美术史上无法了结的一桩公案。

一说墨竹始于唐代的吴道子。《芥子园画传》"画竹源流"中说："山谷云，吴道子画竹，不加丹青，已极形似，意墨竹即始于道子。初吴道子作画，超其师杨惠子，于山川崖谷、远近形势、虎豹蛇龙，至于虫蛾、草木之四时，日月列星，风雨水火，雷霆之神物，军阵战斗，轻骹奔北之象，运笔作卷，不加丹青已极形似，故世之精识博物之士，多藏吴生墨本，至俗子乃炫丹青耳。意墨竹之师近出于此。"元代墨竹名家李衎在《竹谱详录》中引了上述一些话，来叙说墨竹源流，并说："此论宜有所据依，敢取以为证云。"刘光祖指出：黄庭坚这段话是说吴道子画山川崖谷、虎豹蛇龙、风雨水火等形象都不加丹青，画竹也不加丹青。从吴道子所留墨迹来看，以上形象，虽有不加丹青，但多为以线画出，竹的形象如果也是以线画出，那就不是墨竹。这段话也并未提到吴道子画过以竹为主题的画。所以说吴道子画墨竹，黄庭坚并不是肯定的，只是"意墨竹之师近出于此"的推测。后人的断章引用，多属因循传抄。黄庭坚谈吴道子画竹有一首诗，其中说"古今作生竹，能者未十辈，吴生勒枝叶，筌箂远不逮。……""勒枝叶"中不能肯定

△ 吴道子《天王送子图》局部

就是色勒枝叶，但也不能说是以墨写枝叶。所以黄庭坚的论述中，得不出吴道子画墨竹的结论。但也不能说他没画过墨竹，只是资料尚少。

另一说墨竹始于唐代的王维。清人诸升在《青石堂竹谱》中提出"传墨竹始于摩诘"，王维（摩诘）是盛唐时代一位颇负盛名的诗人、画家。他在绘画上，除了精于写山水外，也画道、释肖像、花卉，无一不精。传说他曾画两丛竹于开元寺，造型很美，修、稚、正、背皆有理智，枝叶扶疏，纤密不乱。宋熙宁年间此画墨迹尚好，后日渐漫灭。西安碑林仍存有后人摹刻之双钩竹碑石。原作系双钩，还是墨写，就无法肯定了。再一说墨竹始于唐明皇。元代张退公是与李衎同时期的画竹名家，对画竹颇有研究，他在《墨竹记》中说："夫墨竹者，肇自明皇，后传肖悦。"大唐天子李隆基会不会始创墨竹，还有待进一步研究。吴道子、王维均是明皇时代的人，他们可能画过墨竹。"肇自明皇"有人认为可不可以看作时代的标记。至于肖悦，唐代张彦远在《历代名画记》中载有"肖悦，协律郎，工竹，一色，有雅趣"。肖悦在唐代以画竹名世，他和大诗人白居易有交谊，曾送给诗人一幅竹图，为此白居易写有《画竹歌》诗一篇传世，诗中写道："植物之中竹难写，古今虽画无似者。肖郎下笔独逼真，丹青以来唯一人。……不根而生从意生，不笋而成由笔成。"看来这还是一幅折枝竹画了，当然一色竹，不一定就是墨竹，但他以竹为主题进行惨淡经营，独立成画，这是千真万确的事了。

还有一种说法，认为墨竹是五代李夫人所创。元代夏文彦的《图绘宝

△ 吴道子《八十七神仙卷》局部

鉴》有记载。大意是说，李夫人是西蜀名家之女，从小喜爱书画，后唐庄宗谋士郭崇韬讨伐西蜀，将她掳去做了夫人。郭崇韬不乐诗书字画之类的风雅事，因此，李夫人常郁悒不乐，月夕独坐南轩，目光游移，见纸窗上竹影婆娑多姿，雅致有趣，于是勾起了她作画的念头，研墨援笔，在窗纸上摹写竹影。白天看那纸窗，竟是别有神韵的一幅墨竹。这个画法逐渐传开，遂有了墨竹。李夫人在历史上实有其人，墨竹作品却未见传世，她创墨竹的说法倒很有点像民间传说了。

20世纪70年代初，发掘的盛唐章怀太子李贤墓壁画中，有一段《侍女与竹》，在侍女之旁有三竿竹，未着色，也不是双钩，枝叶都是以水墨写成，画竹竿墨笔直上，不分节，竹叶用一笔笔画成，有浓淡。这是目前所能见到最早的墨竹。这画的年代比吴道子活动的年代为早。

综上所述，用竹作为主题而惨淡经营，以墨写出，赋以风采，使之成为独立的绘画艺术科目始于唐代的立论是可以成立的，然而究竟始于何人就有待于古代文献资料的进一步发掘了。

《西厢记》故事发生在哪里

《西厢记》的故事究竟发生在哪里？这在历史上始终是个谜，与此而相关的问题即《西厢记》遗址究竟在哪里也引起人们的兴趣。

《中国名胜词典》"普救寺"条记述了一处《西厢记》遗址：普救寺在山西省永济县西北12公里土岗上。南面紧临古蒲州城址，东连西厢村。寺创建于唐武则天时期（684~704），原名西永清院，后改成普救寺。关于西永清院，唐诗人元稹所著传奇小说《会真记》中有明确记载。王实甫所著《西厢记》的故事亦取材于此。那么，《莺莺传》中的西永清院后来又怎么变成《西厢记》中的普救寺呢？据说在蒲城曾发生过这么一段经历。五代时，河东节度使作乱，后汉刘知远派郭威讨伐，围蒲州年余，百姓苦甚。郭威召西永清院僧问策，僧曰："将军发善心，城即克矣！"郭威当即折箭为誓，翌日城破，满城百姓得救，从此更名为普救寺。宋元两代，寺仍兴盛，明嘉靖三十四年（1555）地震倾圮，随即重建。寺分三路，中路有大士洞、天王殿、钟鼓二楼、大佛殿等；东路前为经院，后为僧舍厩厨；西路为塔院、西厢书斋、方丈院，最后为别墅花园。相传西厢花园是唐代崔相国所建的佛居别墅，为《西厢记》中老夫人和莺莺所居之处。1920年毁于火，仅留基址和寺前石坊、舍利塔等。舍利塔平面方形，高约50米，因《西厢记》故事流传，后人怀念莺莺，特更名莺莺塔。

在河北省安国县的伍仁村，也有一处《西厢记》遗址，这里不但有关关汉卿作《西厢记》的许多传说，而且有许多极有价值的遗址。如《西厢记》中的普救寺，在伍仁村西北隅，现为小学校。此寺毁于1956年大洪水之中。白马将军镇守的"蒲关"，位于伍仁村邻村伍仁桥镇的北关。北关门额有大字刻石"蒲水威观"4个大字，关汉卿作《西厢记》取"观"字之谐音

△ 《西厢记》工笔画

"关",并简称"蒲关"。《西厢记》中崔夫人扶灵要去的博陵旧冢就在离伍仁村30华里的黄城村。元朝时这一带属博陵郡,相传博陵大诗人崔护就葬在博陵旧冢之崔公墓中。博陵旧冢在《安平县志》中列为安平县八景之一。

伍仁村已故李天然老先生为研究伍仁村《西厢记》遗址及《西厢记》作者收集了大量资料。他同意历史上关于"魏复乾主张《西厢记》关汉卿作,董珏续"的主张。关汉卿众人皆知,而董珏是谁呢?他怎么续《西厢记》?据《安国县志》载,董珏为安国县西伯章人,县志载此事时说:"董珏,字君璋……登至治辛酉科状元,授承事郎,定州路同知,后知颍州。"元至治年间恰是关汉卿逝世的时代(1321年左右),故董珏得以续作《西厢记》。

令人叹服的是,伍仁村人竟能断决《西厢记》中的人名是出于本县古人名。如说崔相国(名珏)和张生(名珙)的名字。崔珏是安国古人名字,据查《安国县志》确有其事。县志载:"崔珏,姓崔名珏字子玉,唐时鼓城人也。"死后"唐玄宗时禄山乱,著有灵迹,敕封灵圣护国侯"。立庙祀之,安国城里有崔府君庙（县志皆有记载）。那么张珙又是谁？原来张珙和崔珏是安国县传说的"三王"之一。三王即：一曰药王王邳彤，现有药王庙立之；二曰天王杨金龙，县志载为本县杨宝村人，因把守黄河口以身殉恤，后人封王立庙；三曰阎王，这阎王就是张珙和崔珏。虽然张珙在县志上未见其名，但却在安国县一带民间广为传说。

伍仁村人还有关于关汉卿创作《西厢记》过程的传说。他们说，关汉卿住在本村关家园的小楼上，看见蒲水湖的苇缨缨被风儿吹戏，"小红娘"（一种小红甲虫）爬上爬下，似传递信息，不觉灵感联翩，便把小红虫比作红娘，把苇缨缨比作崔莺莺，把风儿比作张生。这虽无文字记载，但那时在关家园旧址的西侧为蒲水湖，东侧是一苇塘，关住在小楼上有这样的环境，其灵感也不能说与此无关。

从上述两个《西厢记》遗址来看，每个遗址都有关于《西厢记》故事情节的记载，故事中人名的考证，及《西厢记》故事发生后所留的遗迹记述。然《西厢记》的作者为谁历来是历史上的一大悬案。《西厢记》若为王实甫作，那王实甫的经历就至关重要。《西厢记》若为"关汉卿作，董珏续"，那关汉卿、董珏的经历就又成了解决这一悬案的重要依据。《西厢记》若为王实甫、关汉卿二人合作，那解决这一问题就又出现了更复杂的局面。

因此，目前探明《西厢记》遗址的唯一渠道是，首先探明《西厢记》为谁所作，然后依据历史资料及有关本书作者的资料进行逐步的考证。

元曲四大家究竟是哪四人

"元曲四大家",是对于在元杂剧剧本创作中成就较高的4位剧作家的尊称。元代是我国戏剧创作的第一个高峰,出现了一批文人出身或艺人出身的作者,今知有姓名可考的剧作家就有200余人,姓名未见于记载者,更不知有多少。"四大家"应该是哪4位呢?

"四家"之说,在元代就已出现。最早见于文字记载的是"关、郑、白、马",即关汉卿、郑光祖(字德辉)、白朴(字仁甫)、马致远(号东篱)。周德清《中原音韵》以存世剧本和已知作家为基础,"序"曰:"关郑白马一新制作,韵共守自然之音,字能通天下之语,字畅语俊,韵促音调,观其所述,曰忠,曰孝,有补于世。"关汉卿作剧60余部,对社会有深广的概括,又能粉墨登场,当时就被誉为"捻杂剧班头"。郑光祖"锦绣文章满肺腑","声振闺阁,伶伦辈称郑老先生",威望也很高。白朴的《墙头马上》、《梧桐雨》,马致远的《汉宫秋》,今日视之仍有较高的思想和艺术价值。周德清是音韵学家,他虽然主要着眼于音韵,但其"关、郑、白、马"或"关、白、马、郑"之说,则为后世曲家如王国维等所推崇。

明初,朱元璋之子朱权站出来排斥关汉卿。他所著的《太和正音谱》曰:"观其词语,乃可上可下之才,盖所取者,初为杂剧之始。"没有功劳有点苦劳,但不能列于四家之首。朱权认为"宜冠于首"的应该是白朴,而马致远"若神凤悼词于九霄,岂可与凡鸟共语哉",冠之于首也不够,应"列于群英之上",是特等作家。这位皇子戏剧家的世界观不可能认识到关剧的思想意义,他的美学思想也无法欣赏关氏的本色风格。同时,朱权又是个道教徒,这使他对于在剧作中阐扬神仙道化,被称为"马神仙"的马致远表现出特别的感情。结果,"四大家"的排名被他搅得一片混乱。

谭正璧则认为自周德清以来，对"四大家"都有误解：元代所谓的"四大家"应该是关汉卿、白朴、庾吉甫、马致远。元末贾仲明《录鬼簿·悼词》"关汉卿"名下有"姓名香，四大神物。驱梨园领袖，总编修师首"等句；谭氏认为"四大神物"就是"四大家"的誉称，这几句话"乃是说，关是四个伟大作家之首"。而"马致远"名下的悼词中有"共庾、白、关老齐肩"一句，"正说他是和庾吉甫、白仁甫、关汉卿并驾齐驱的"，因此"关、白、庾马，毫无可疑"（《曲海蠡测》）。周德清的"关、郑、白、马"说历来有个使人疑惑不解的缺陷：关、白、马都是金末元初人，突然将一个晚于他们一辈的郑光祖与之同列，总觉不伦不类。如将郑光祖换成庾吉甫就不存在这个疑问了。谭氏认为很可能在周德清的时代庾吉甫的作品已很少流传，就抓来一个当时名声较大的郑光祖来顶替他。但由于庾吉甫的十几个剧本全部失传，我们今天也无法给他"恢复名誉"，需待搜得更多资料才能定论。

嘉靖以前，论曲诸家虽然对"四大家"各有所据，但奇怪的是以《西厢记》而显示出极高艺术成就的早期剧作家王实甫，却被排斥于"四大家"之外。虽然贾仲明曾给他很高的评价："作辞章，风韵美，士林中等辈伏低。新杂剧，旧传奇，《西厢记》天下夺魁。"他之不受重视很可能和封建卫道者认为《西厢》"诲淫"有关。至王世贞等一些戏曲评论家，开始为王实甫鸣不平，或曰"北曲故当以《西厢》压卷"，"他传奇不能及"（王世贞《曲藻》），或曰"丽曲之最胜者，以王实甫《西厢》"（张琦《衡曲谈》）。王骥德更直接否定"四大家"的传统排名，曰："世称曲手，必曰郑、关、白、马，顾不及王，要非定论。"他认为"古词唯王实甫《西厢记》经帙不出入一字"，所以"四大家"应该以王实甫居首，不及郑光祖，"王、关、马、白，皆大都人也"（《曲律》）。

当代一般的戏曲史论著，都是以关汉卿居元曲家之首，王实甫次之，几成定格。然而以《西厢记》的研究而获誉国内外的蒋星煜最近著文，认为新中国成立以来的研究中有对王实甫估价不足的问题。看来，在弄清历史上的"元曲四大家"的同时，又必然带出了今天怎样恰当评价这些"胜国诸贤"的课题。

古琴是何时产生的

琴是我国一种古老而富有民族特色的弹弦乐器，也是我国乐器的主要代表，影响极大，因而在音乐的发展史上具有重要的地位，常常成为士大夫抒发感情的高雅乐具。凡是名贵的琴几乎都有其专名，如齐桓公的"号钟"、楚庄公的"绕钟"、司马相如的"绿绮"、蔡邕的"焦尾"等，这四琴曾被称誉为中国古代的"四大名琴"。现存于故宫博物院的唐朝名琴"九霄环佩"，另一张唐琴保存在日本正仓院，名为"金银平纹琴"，它们当然已是稀世之宝了。

说起我国古琴，人们自然就会联想起《高山流水》这首古乐曲，它是我国现存最早的琴曲。《高山流水》本只一段，至唐分为二曲，不分段数；宋代分"高山"四段，"流水"八段。传说先秦的琴师伯牙，一次在荒山野地弹琴，樵夫钟子期竟能领会这是描绘"巍巍乎志在高山"和"洋洋乎志在流水"。伯牙惊曰："善者，子之心而与吾心同。"子期死后，伯牙痛失知音，摔琴绝弦，终身不操，故有高山流水之曲。据学者统计，中国古琴已具有3000年左右的历史，我国保存琴曲3000余首，这是世界上任何一个国家都望尘莫及的。那么，中国的古琴究竟是什么时期才出现的呢？这自然是人们很关心的一个问题。

从古代的记载来看，琴的发明很早，相传是神农伏羲创造的。也有的史书传说，在原始时代有个发明农耕的叫"神农氏"的氏族，曾经"削桐为琴，绳丝为弦"，从而创造了最初的琴。但是，在相当于新石器之时的伏羲神农的年代里，即使有人造琴，也不会像传说的那样；在那时，不仅没有二十几弦的琴，恐怕连五弦琴也还未产生。神农、伏羲是我国古代神话传说中的人物，当时社会生产力低下，人类的认识水平亦有限，因而将许多事物的起源推到他们身上。可以说，将琴的发明归结为是神农伏羲的功劳，这是不确切的，这只是人们的一种愿望寄托而已。

那么，古琴是何时产生的呢？于民在《春秋前审美观念的发展》一书中为我们提供了一个认识思路："在独立的琴瑟产生之前，它同样存在一个从工具向琴乐器的演化阶段。这种工具是武器的弓，还是生产工具，人们的估计不甚一致。和钟、鼓等乐器一样，琴瑟的发明也是与生产实践直接相关的。原始社会的人们在一定的工具（丝弦一类）的制作和使用中，对丝弦的质地、长短、粗细、松紧、间距等不同的变化，与声音的高低、尖圆、刚柔、清浊等的不同变化之间的关系，逐渐有所体验和认识。在长期的生产实践的声音感受中，不断地滋长起对其声音的审美感受。琴瑟的出现也和鼓、钟一样，经历了一个既为工具又为乐器的一体两用的过渡阶段，直到最后，才产生了独立的琴瑟乐器。这种最初的琴瑟很可能只有一根或很少的几根弦，只能表现一两个或两三个音的高低变化，以后随着审美实践的发展，它才由两三弦到五、七弦直至二十五弦，成为具有丰富表现力的乐器。"有的学者认为，这个从生产工具向琴乐器转化，直至形成的时间，当在奴隶社会时期。如《中国文化史三百题》一书即认为："奴隶制时期……首次出现了弹弦乐琴瑟，它给乐坛注入了新的声源。"

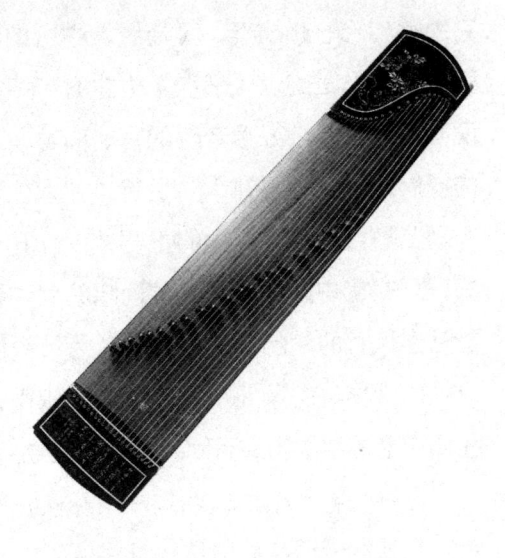

然而，问题在于：我国的奴隶制社会共包括夏、商、周三朝，琴的产生究竟是哪一个朝代呢？夏朝，虽然有古书的文字记录其存在，但至今没有在考古实物上得到印证；而商朝也没有时人抚琴吟唱流行的文字记载。据此，不少学者指出：中国古琴出现的时间，应定在西周——春秋这一段时间内。其理由在于：一、据史书记载，琴在西周时期，曾在社会上广泛流传，当时

△ 古琴

它经常与瑟一起演奏，《诗经》中所谓"家传户诵"、"琴瑟友之"的话，就是指此而言的，《书经》中也有"搏拊琴瑟以咏"之说。这时候的琴，据说有五根弦，按五声音阶的宫、商、角、徵、羽定弦。二、周代，由于孔子的提倡，古琴是"礼乐"之首，"六艺"（礼乐射御书数）和"琴剑（棋）书画"是人们修身养性的重要礼仪。孔子的学生竟把古琴普及到城镇每家每户，即家家户户都背诵古琴伴唱的"弦歌"。三、目前我国出土的最早的琴瑟是春秋时的制品。尽管有人认为，我国古琴出现的时间要比春秋时期早，只是由于早期的琴多用丝、竹、匏制作，极易腐烂，所以没有实物发现。但我们在论述琴的出现时间时，考古实物应该是一个很有力的证据。

　　还有的学者指出，西周——春秋时期虽已有古琴出现，但其形制并不固定，尚处在较原始的阶段。从湖南长沙马王堆三号汉墓出土的古琴来看，其音箱很小，面板与底板组成匣式结构，尾部为一实木，音量较小，共鸣效果也不是很好。实木与音箱交接处的侧面，有一小圆孔，估计演奏时除弹散、泛音外，左手小指可插在这个小圆孔内，再用大、食、中、名四指按弦。按弦时，由于左手不能自由移动，演奏技巧的发挥侧重在右手，因此其表现性能有相当的局限性。到了秦汉时，情况就发生了转变。随着相和歌的兴起，特别是艺术性较高的相和大曲的盛行，琴开始与笛、笙、筝、琵琶等乐器在一起演奏，原来音域窄、音量小的琴不能适应在这种合奏场合中使用，这迫使琴的形制有了重要的改进，音量也扩大了，与此同时，琴的演奏技巧也有了相当大的进步。它有散音、泛音、按音、撮指、拨刺、双弦等技巧与手法，表现力十分丰富，开始成为中国乐器的主要代表。至秦汉时，琴正式定型为七弦，所以古琴又称七弦琴。因此，有人认为：真正意义上的古琴只是在秦汉时期才最终出现的。

《史记·屈原列传》是伪作吗

20世纪初以来,有一些学者对《史记·屈原列传》的真伪提出了质疑,指出《史记·屈原列传》不是司马迁所作,而是后人窜入的伪作,有人甚至还认为中国历史上根本没有屈原其人,屈原只是个传说人物。事实果真如此吗?

众所周知,《史记》成书后,由于多种原因,部分文字曾被后人补窜过。对此,古今很多学者均进行了考辨,如宋代叶大庆的《考古质疑》、清代赵翼的《二十二史札记》、崔适的《史记抗原》、梁玉绳的《史记志疑》等均有论述。但《史记·屈原列传》是否也被人补窜过呢?要回答这个问题,首先得从民国初年以来的屈原与《楚辞》研究说起。当时曾有人认为《楚辞》不是屈原的作品,其作者或是秦始皇时期的博士、或是淮南王刘安、或是尚不知道的"多数人"。总之,一些人把屈原当作了一个传说人物,如廖季平、卫聚贤等人。著名学者胡适也持这种观点。他认为:"屈原明明是一个理想的忠臣,但这种忠臣在汉以前是不会发生的,因为战国时代不会有这种奇怪的君臣观念。"胡适指出,屈原是南方民间流传的楚怀王的故事或神话中的一部分,"后来这一部分的故事流传久了,竟仿佛真有其事,故刘向《说苑》也载此事。而补《史记》的人也七拼八凑的把这个故事塞进《史记》去"。他认为《屈原列传》是汉宣帝时的人补入《史记》的(《胡适文存》第二集)。在屈原传说论中,较流行的是屈原等于刘安说。屈原传说论在国外也有一定的影响。

坚持《史记·屈原列传》是伪作的代表人物是何天行。他在20世纪30年代出版的《楚辞新考》一书中,发展了胡适等人的说法。他从六个方面论证了《史记·屈原列传》非司马迁所撰:既然屈原是楚国的有名人物,

△ 屈原画像

《史记·楚世家》为何不提到屈原；《屈原列传》中的很多文字是抄自《战国策》的，而《战国策》并没有提到过屈原；屈原传说是在汉太初年以后，与刘向《新序》、《说苑》和刘歆《七略》等同时出现的，西汉之前并无屈原之说等。那么《屈原列传》是谁补窜的呢？新中国成立以后，也有人试图从文献学的角度辨析了《史记·屈原列传》的真伪，指出今本《屈原列传》中自"《离骚》者，犹离忧也"以下到"虽与日月争光可也"一段，是后人割裂淮南王刘安的《离骚传》的前半部分窜入的，从"虽放流"以下到"岂足福哉"一段也是后人割裂了《离骚传》的后半部分窜入的，并认为只要去掉这两部分，就恢复了司马迁《屈原列传》的本来面目。其理由是刘安所著的《离骚传》，司马迁不可能看到，所以，他也无从采入《屈原列传》中，再者，今本《屈原列传》在书例上，即名和字互见与《史记》的无杂举之例不统一等。

对于这些看法，从20世纪30年代以来，一些文学史家和历史学家们就与之展开了激烈的论辩。郭沫若、游国恩、陆侃如等前辈学者在其早年的著作中均提出了反驳意见，坚持屈原实有其人，并非传说。近年来，司马迁的《史记》作为一门"史记学"受到了深入广泛的研究，一些学者针对《史记·屈原列传》为伪作的观点，进行了全面反诘，从各个方面论证了《屈原列传》为司马迁的手笔。如有人从屈原的生活、思想、创作三方面探讨了《楚辞》的主要美学特征，并从这些特征对屈原就是刘安之说提出了质疑；有人从考证屈原的生年日期和世系及政治经历入手，证实了屈原确有其人。

事实上，持《史记·屈原列传》为伪作论者的某些观点是站不住脚的。

尽管《史记》问世后，部分文字曾经后人续作补窜，据张大可《史记研究》一书考证，今本《史记》全书共被人续作补窜了45217字，其中《屈原列传》增窜了8字。但瑕不掩瑜，《史记》仍不愧为我国的信史名著。倘若攻其一点、不计其余地用以偏概全的态度来否定《史记》的真实性，进而断定《屈原列传》为伪作，实际上是一种不科学的虚无主义做法。至于《史记·屈原列传》的部分文字抄自《战国策》也没有什么可奇怪的，司马迁著《史记》时曾引用过不少当时所能利用的各种资料，当然也会包括《战国策》，尽管《战国策》是经刘向整理成书的，但在他之前，"错乱相糅莒"的《战国策》文字材料就已经存在了。在《史记·楚世家》中曾明确记载了"屈原使从齐来，谏王曰：'何不诛张仪？'楚王悔，使人追仪，弗及"一事，但有人却硬说《楚世家》未提屈原，以此反证《屈原列传》为伪作，实在令人不可思议。所以屈原、屈平之称同传并存，并不是《史记》中的特例，以此作为否定《屈原列传》的真实性，其理由是不充分的。还有，司马迁所著《史记》在他死后不久就示之于世了。所以，刘向实无必要也难于在众人之前伪造一篇《屈原列传》，并且《史记》中的《太史公自序》、《张仪传》、《报任安书》均写到屈原这个人，若说是没有"屈原"，那么这些篇章难道都是伪作？

《史记·屈原列传》是否伪作，不仅是一个历史文献学的问题，而且还与有无屈原其人紧密相关，因此，这个问题是必须搞清楚的。

《西京杂记》的作者是谁

《西京杂记》是一部"采辑既富"、"可补《汉书》之阙"、有一定史料价值的杂史著作。然而，谁是该书的真正作者？这一疑案至今悬而未决。

《西京杂记》本二卷，后分为六卷。但同为六卷的版本，题名却十分混乱。如汲古阁刻明末版刻本和重印《四部丛刊》本影印版题名为（晋）葛洪撰；而乾隆期间的清刻版本和《四部丛刊》本影印版却是（汉）刘歆撰。同是二卷本的，也是如此。如陕西通志馆"民国"二十三年铅印版本，一种题名为（汉）刘歆撰；一种却题名（晋）葛洪撰。为期更早的一些版本，也存在根据不足胡乱题名的情况。这都为研究工作带来极大困难。

隋唐之际，特别是唐太宗继位后，为了以史辅国，以古鉴今，非常重视编修历史。当时的史官们尽管"博采史籍"（《全唐文·帝范序》），朝廷也"命天下计书"、"搜访异本"，"尽收其图书古籍"（《隋书·经籍志序》），但由魏征等人穷搜苦索而编纂的《隋书·经籍志》，却对《西京杂记》的真正作者未能考究出来，所以只好不著撰写人。四百余年后，宋人黄伯思在《东观余论》中采取折中说法，谓《西京杂记》书中事皆刘歆所说，葛洪采之，未知所据（见《辞源》卷四）。清朝末年，一批考据类著作纷纷问世。但考证者对《西京杂记》一书的真正作者并没有考订出名堂，作补的也未补出个头绪来。

在近现代学者专家的一些著作中，对谁是谁非也各执一说，甚至避而不谈。如李宗邺在《中国历史要籍介绍》中说："《西京杂记》二卷集是刘歆所撰，而《唐书·经籍志》误题为葛洪。"

鲁迅在《中国小说史略》的《今所见汉人小说篇》里，对《西京杂记》一书曾有较为详细的考证。他说：至于杂载人间琐事者，有《西京杂记》，本二卷，今六卷者宋人所分也。末有葛洪跋，言"其家有刘歆《汉书》一百卷，考校班固所作，殆是全取刘氏。小有异同，固所不取，不过二万许言。今钞出为二卷，以补《汉书》之阙"。然《隋志》不著撰人，《唐志》则云葛洪撰，可知当时皆不

△ 《西京杂记》书影

信为真出于歆。段成式《西酉杂俎·语资篇》云："庾信作诗，用《西京杂记》事，旋自追改曰'此吴均语，恐不足用'。"后人因以为均作。然所谓吴均语者，恐指文句而言，非谓《西京杂记》也，梁武帝敕殷芸撰小说，皆钞之故书，已引《西京杂记》甚多，则梁初已流行世间，固以葛洪所造为近是。

鲁迅既然把《西京杂记》列入《今所见汉人小说篇》，在"目次"中列了"刘歆《西京杂记》"，这就否定了葛洪。有些考证文章也说，《西京杂记》属笔记类杂史，《汉书》不记，晋葛洪怎知汉朝事？总之，否定葛洪之说并不鲜寡，然《辞海》却语曰："旧题西汉刘歆撰，经考证作者实为晋葛洪。"有何根据？辞书未引，故不得而知。

其他的一些文著，乃至工具书多相不一。谁是谁非，没有定论。前人未竟之业，有待后人进一步研究。

153

《颜氏家训》成书于何时

我国历来是一个注重宗法和家教的国家,因此像家训之类的传统宣教物可谓汗牛充栋,可是自隋王朝统一中国以来,竟还没有哪一部家训的影响力及得上《颜氏家训》那样的普遍和深远——不仅封建统治者大肆宣扬,而且连佛教徒也广为征引,甚至如"凡为人子弟者,家置一册,奉为明训,不独颜氏"(王钺《读书蕞残》)。颜氏后裔更是引以为荣,多加翻刻,对他们的老祖宗即《颜氏家训》的作者颜之推顶礼膜拜。可是,究竟《颜氏家训》一书成于何时呢,这似乎是个不怎么好解答的疑问。

颜之推(约公元531~约595年)字介,原籍琅琊临沂(今山东临沂市),世居建康(今南京市),生于士族官僚家庭,世传《周官》、《左氏春秋》。他早传家业,12岁时听讲老庄之学,因"虚谈非其所好,还习《礼》、《传》",生活上"好饮酒,多任纵,不修边幅"。他博览群书,为文辞情并茂,得梁湘东王赏识,19岁就被任为国左常侍。其生于乱世,亦长于戎马,仕梁元帝为散骑侍郎,但不久随着江陵为西魏军所破,只好投奔北齐,历20载,官至黄门侍郎、平原太守。公元577年,北齐为北周所灭,他被征为御史上士。公元581年,隋灭北周,他又于隋文帝开皇年间,被太子召为学士,不久以疾终。依他自序,"予一生而三化,备荼苦而蓼辛",叹息"三为亡国之人"。传世著作有《颜氏家训》和《还冤志》等。其中,《颜氏家训》共二十篇,是颜之推为了用儒家思想教训子孙,以保持自己家庭的传统与地位,而写出的一部系统完整的家庭教育教科书;同时它也是一部有关伦理道德的著作,在中国伦理学说史上,占有重要的地位。这是他一生关于士大夫立身、治家、处事、为学的经验总结,后世称道此书为"家教规范"。然而也正因为颜之推经历非凡,故何时写成《颜氏家训》便成了历史上的一桩悬案。

传统的看法认为，《颜氏家训》当写于北齐。因为旧本题为"北齐黄门侍郎颜之推撰"。既然表明为北齐黄门侍郎，当然也就是北齐时撰写，这似乎已经是非常明了了。《郡斋读书志》卷十一、《四库总目提要》卷一一七等皆持此说。只是到了近代，"北齐"说受到了挑战。学者余嘉锡先生首先发难，他在《四库总目提要辨证》一书中提出"北齐"说毫无根据，他又提出《颜氏家训》实作于隋开皇九年（公元589年）平陈之后。因为《颜氏家训·终制篇》云："先君先夫人，皆还未建邺旧山；今虽混一，家道罄穷，何由办此奉营经费。""今虽混一"一语，实在道出其玄机也。

余氏这一提法，在学术界立即引起轰动，各派学者纷纷表示赞同，推翻"北齐"说的理由也就愈加显得充分。归纳起来有这么重要的几条：其一，《颜氏家训》诸篇大多讳"忠"，如《序致篇》曰："圣贤之书，教人诚孝"（本为"忠孝"）；《勉学篇》云："不忘诚谏"（本为"忠谏"）；《归心篇》曰："诚臣殉主而弃亲"（本为"忠臣"）等。这充分说明《颜氏家训》写于隋朝，而且是在杨坚称帝后写成的。因为隋文帝杨坚的父亲叫杨忠，隋避"忠"讳。同时该书的下限在炀帝即位之前，因为它不避"广"讳（隋炀帝名杨广），"广雅"一词使用得特别频繁。其二，全书大多故事牵涉到隋朝统一。除《终制篇》外，《风操》篇也曰："今日天下大同。"足知该书写于隋时。其三，全书所述说的历史事实、职官名称等皆为入隋后事。如《书证篇》引国学博士萧该之说，国学博士是萧该入隋后的官称，等等。需要补充的一点是，既然《颜氏家训》写于隋时已不容置疑，那么为何题为"北齐黄门侍郎颜之推撰"呢？余嘉锡先生认为，颜之推在北齐颇久，且在他一生中要数黄门侍郎一官最为尊显，他撰的书，当然要署上他最为得意的官职，这似乎在情理之中。

余氏之说虽然基本上得到了诸家的肯定，然而也有人提出异议。一位名为曹家琪的先生在《文史》第二辑上发表了《颜之推卒年与<颜氏家训>之纂定、结衔》一文，他认为《颜氏家训》是颜之推训示弟子之作，每有所感，及时著录，以戒后昆，固不必一气呵成。书中说"近在黄门"，当属居北齐

155

黄门侍郎时所记；说"南朝"、"齐世"，则已人周、隋；说"今虽混一"，则是隋已一统南北。至于最后之纂定，当在开皇十七年（公元597年）夏四月以后。因为《颜氏家训·省事篇》记载了争论历法之事，而此事发生在隋开皇四年至十七年间，《隋书·律历志》有载。从《颜氏家训》记载的详细程度看，这次历法之争，颜之推肯定亲见。这说明《颜氏家训》所叙事实的最晚时间为开皇十七年夏四月，其最后纂定当在这之后。而且，关于原书为何署上"黄门侍郎"，曹家琪先生认为余嘉锡所谓的颜之推看重黄门一官是不准确的，因为颜之推甚念南朝。他的两个儿子取名"思鲁"、"愍楚"，足见他对南朝的恋情。怎能看重北齐

△ 颜真卿多宝塔欣赏

的黄门侍郎一官呢？思鲁在整理父亲著作时题上黄门称谓，乃是不得已而为之。因为颜之推晚年"太子召为学士"，太子者，隋太子杨勇也。思鲁题父作时在太子勇被废之后。杨广刻薄，既害勇，思鲁当然不能不有所避让，而不敢涉及太子勇。倘题作梁臣，则又触动当时尊北抑南之意；题作周臣，恐怕有不帝隋之嫌。故只好题为"北齐黄门侍郎"。这样看来，此种观点还是比较贴切和中肯的。

总之，事实上看去已相当明确了，然而这究竟是否定论，还要由后人来不断做研究、补充和认同啊。

《水经注》究竟记载了多少条水

毛泽东在阅读二十四史时曾经这样说过："《水经注》作者也是一位了不起的人"，众所周知，此作者就是我国北魏时期的著名地理学家郦道元。不仅在我们国内，在国际上郦道元也是享有很高声誉的，原德国柏林大学校长、国际地理学会会长李希霍芬（1833~1905年）就称誉《水经注》乃是"世界地理学的先导"；东南亚学者也认为郦道元是"中世纪世界最伟大的地理学家"。那么，如此重要的一部关于"水文"的名著，它到底记载了多少条水呢？

郦道元（公元466或472~527年）字擅长，北魏范阳（今河北涿县）人。出生于官宦世家，他的父亲是北魏平东将军、青州刺史、永宁侯郦范，郦道元也先后在平城（北魏首都，今山西省大同市）和洛阳（公元493年北魏首都南迁到这里）担任过骑都尉，御史中尉和北中郎将等中央官吏，并且多次出任地方官。郦道元在做官期间，"执法清刻"，"素有严猛之称"，为此颇遭豪强和皇族忌恨。北魏后期，国家形势日趋黑暗和混乱，北魏孝昌三年（公元527年），郦道元在奉命赴任关右大使的路上，和自己的弟弟与两个儿子一同遭仇家指使被人杀害。

郦道元从少年时代起就爱好游览，曾经和友人游遍山东。做官以后，到过许多地方，每到一个地方，都要游览当地名胜古迹，留心勘察水流地势，探溯源头，并且在余暇时间阅读了大量的理方面的著作，逐渐积累了丰富的地理学知识。他一生对我国的自然、地理作了大量调查、考证和研究工作，并且撰写了地理巨著——《水经注》。《水经注》以记载水道为主，可谓是六世纪前我国最全面而系统的综合性地理著作，它对我国地理学的发展产生了深远的影响。全书共四十卷，原书宋代已逸五卷，今本仍作四十卷。明清

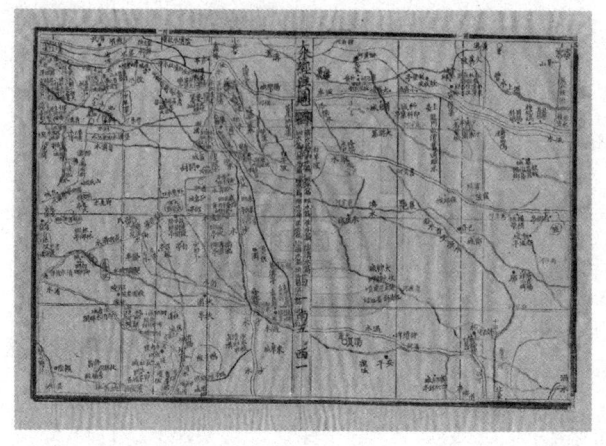

△ 《水经注》插图

以来，研究《水经注》者不乏其人，在我国学术界已形成一门专门学问——"郦学"。《水经注》一书中究竟共记载过多少水道？这个原来不成问题的问题如今却有不同的看法，咎在此书有过亡逸。

我国当代学者侯仁之先生在《水经注》选释前言中，据《唐六典》讲道《水经》一书，记述中国河流水道，共计137条；到了郦道元为《水经》作注，补充记述的河流水道增加到1252条（《中国古代地理名著选读》，科学出版社）。他的这一说法为以后各种出版物和辞书所沿用，产生了相当普遍的影响。但是另一学者辛志贤认为侯仁之的说法是错误的，他据《唐六典》卷七《工部》："水部郎中员外郎掌天下川渎陂池之政令……凡天下水泉三亿三万三千五百五十九，其先避荒绝域，殆不可复而知矣。其江河自西极达于东溟，中国之大川者也；其余百三十有五水，是谓中川者也（原注：桑钦《水经》引天下之水百三十七，江河在焉）。其千二百五十有二水，斯为水川者也（原注：郦擅长注《水经》，引其支流一千二百五十二）。"据上正文与注，可以明白地看出，《水经》记写"大川"2条，"中川"135条，计干流137条，郦道元补写"小川"即支流1252条。因此，《水经注》记写的大小河流水道应该总计为1389条，比侯仁之说的多出137条，与《水经》原水数正同，侯漏计《水经》所记水数137条，实诸干流也。

这个问题似乎已经澄清了，然而据南宋王应麟《困学纪闻》卷十《地理》"天下水数"条云："《水经》引天下之水百三十七，江、河在焉；郦氏注引支流一千二百五十二。"但清翁元圻注《困学纪闻》，在《水经》水数后面加了按语云："按今本《水经》所列，仅一百一十六水。"则今本《水经》较原本少21水。北宋王尧臣《崇文总目》指出《水经注》在宋代仅存三十五卷，逸五卷。今本《水经注》仍作四十卷，乃是后人割裂篇帙，以凑足四十卷之数，所缺21水，应该在这所逸五卷之中。翁元圻所谓"今本"，无疑是当时流行的诸种明刻本，如黄省曾刻本、吴玉官刻本、钟惺刻本、朱谋㙔《水经注笺》等。清著名学者全祖望、戴震、王先谦、杨守敬、熊会贞等对《水经注》都进行了深入的研究，从《水经注》本书并博采唐宋诸书，旁征博引，考证订补"遗漏者补其补，纰缪者订其讹"（赵一清《水经注笺刊误》卷一小序），于是补足了《水经》逸去的21水，恢复唐以前《水经注》原本。由此可知唐以前郦道元之《水经注》原本，《水经》水数为137，郦注水数为1252，《水经注》总数为1389。可值得一提的是，宋明诸刻本逸五卷，《水经》水数缺21，为116，那么郦注水数自亦相应残缺。清乾隆以后诸校注本虽然补足了《水经注》已缺的21水，水数为137，但郦注水数仍有残缺。今有的有关著作说《水经注》在宋代已逸五卷，又说所记水数为1252，则属于又一种形式上的矛盾和错误（《<水经注>所记水数考》，载《北京师范大学学报》1981年第3期）。

又据当代学者赵永复先生在《<水经注>究竟记述多少条水》一文中说，《水经注》记述水道数目，《唐六典》卷七水部郎中员外郎条注云："桑钦《水经》所引天下之水百三十七，江河在焉……郦擅长注《水经》，引其枝流一千二百五十二。"此说一出，一千多年来的众说遂成定论，近人著述均引此为证。可是经他对《水经注》进行通检梳理，所记水道按其重复者不计，一水多名或数水同叙者计其一，而不属某水支流，但在有关水道下述及者，以及无专名之水均予计入。全书水体包括湖、淀、陂、泽、泉、渠、池，实得2596，倍于《唐六典》之数。郦氏《水经注》全书四十卷，北宋时已逸五卷，今本仍作四十卷，乃后人分析，则原书叙述水道总数当超过3000条（《历史地理》，1982年第2辑）。

因此，综合以上诸说，除对《唐六典》和逸卷等理解不同，存有分歧外，由于《水经注》因郦注逸卷所残缺水道已无法补齐，故目前对全书水数已难以搞清楚了。这实在不免让人遗憾。

沈阳故宫何时兴建之谜

天命十年（1625）三月初三，努尔哈赤率部众越过浑河从辽阳迁都沈阳。从此，沈阳城从一个边陲小城发展为一代帝王都城。在清朝统治的二百多年中，这里发生过太多的事件，也因此产生了许多传说故事。即使在今天，故宫里仍然有众多史料中没有记载的谜团。

沈阳地处东北之要冲，是关东之枢纽与咽喉。历来是兵家必争之地。汉时属辽东郡，称为"侯城"，因屯兵而筑土城；金代因战火硝烟而土城被焚；元时被称为沈阳路；明为中卫城，仍以戍守为主。沈阳的地理位置优于辽阳，它"源钟长白、秀结巫闾、沧海南回、混同北注"。如果以松辽平原为腹地，它既控制东北诸邦之民，又跨驭关外六合之众，其优越的战略地位是辽阳无法比拟的。正如书中所载，沈阳为"辽东根本之地，依山负海、其险足恃，地实要冲，东北一都会"。如此的战略优势，对于誓与明朝争分天下的后金来说，是个能攻能守，进退两宜之地。因此，努尔哈赤毅然进入沈阳城筑城定都。

然而，作为都城象征的皇宫，也就是被称为盛京宫阙的沈阳故宫是什么时候开始修建的，清朝的史料中都没有记载。这可能是因为修建皇宫是劳民伤财的举动，尤其在当年战乱纷争、百姓生活困难的时候，刚刚定都沈阳就修建皇宫不像是明君所为。所以，史官对建皇宫这样劳民伤财的大事采取了回避态度。

学者们一般认为应将努尔哈赤突然决定弃辽阳新城而迁都沈阳的时间，定为沈阳盛京皇宫的始建年代。《清太祖武皇帝实录》4卷第6页载："帝聚诸王臣议欲迁都沈阳。诸王臣谏曰：'东京城新筑，宫廓方成，民之居室未备，今欲迁移，恐食用不足，力役繁兴，民不堪苦矣！'帝不允……曰'吾筹虑已定，故欲迁都，汝等何故不从？'乃于（天命十年三月）初三日出东京，宿虎皮驿（今沈阳以南的十里河），初四日至沈阳。"从明史和朝鲜李朝实录的情况证实，这一记载也是准确无误的。既然努尔哈赤于天命十年（1625）迁都盛京，那么盛京皇宫的建造年代就无疑应该是在天命十年（1625）了。持这一观点的人认为：因为努尔哈赤是早上决定迁都，当日下午就动身的，这决定了没有定下迁都之前不可能开始建宫殿。

△ 沈阳故宫

目前已经出版的关于沈阳故宫的书籍无一不是采用这样的说法。"1621年定都辽阳。1625年又迁至沈阳"，"这时候的宫室仅是草创"。"沈阳故宫是除北京故宫外，全国仅存的比较完整的古代宫殿建筑群。于后金天命十年（1625）开始修建，清崇德元年（1626）基本建成"。"一六二一年，后金攻下了辽阳和沈阳，并且迁都辽阳，筑东京城，建宫殿。一六二五年三月，又迁沈阳，并且开始修筑沈阳故宫。"持以上观点的主要是认为努尔哈赤决定弃辽阳东京迁都沈阳的决定比较突然，不可能事先建都，还有的认为由于当时经济状况，沈阳盛京城的八角殿是拆辽阳八角殿而移建的等，因此自然也就把沈阳盛京城的始建年代定在了天命十年（1625）。

有人认为持上述观点的依据只是一种推测，而并非是真实的历史。根据史籍多方佐证，沈阳故宫的始建年代应该早于努尔哈赤迁都盛京。理由如下：

一、努尔哈赤弃辽阳新东京城迁都沈阳的时间是天命十年（1625）三月初，也就是公历的四月初，这时沈阳时令正值春寒料峭。事先如果没有初具规模的新都城，是无法安顿朝野上下人等的，更不用说处理朝政诸事。另据

161

阎崇年所著《天命汗》一书中载："努尔哈赤迁都沈阳后，居住在一座二进式宫院里，其前有宫门三楹，门内为一进院，院里正中突起高台，上有穿堂。"尔后，为二进院，中为正殿三楹。均为悬山夹脊前后廊式建筑（《盛京城阙图》中国第一历史档案馆）。这组建筑俗称汗王宫。努尔哈赤因为典礼与议政的需要同时兴建了大政殿十王亭。这就说明努尔哈赤在迁都沈阳之前就已经修建了有非常规范的辽金以来的帐殿式建筑群。同时他的后宫是与前殿截然分开的。非常符合赫图阿拉与东京城的建筑布局。

二、努尔哈赤突然决定从辽阳新东京城迁都沈阳的决定，究其原因主要趋于两个方面：一是内部民族矛盾不断加深；二是明王朝不断增兵与其作战。他为了缓解民族矛盾，集中全力与明抗衡，必须选择一个进退都非常有利的战略根据地。历史证明这也是努尔哈赤英明和成功之举。不幸的是他在全力与明军作战中，未能速战速决，积于忧愤而身得大病，于1626年就故去了。因此，在迁都沈阳后，面对严重的战时环境，不可能拿出更多的时间和精力、财力来建筑宫殿，因此，宫殿的兴建应在迁都沈阳之前。

三、新近发现的《侯氏宗谱》进一步证实了这种说法。辽阳东京城和沈阳的盛京城都是由山西迁居来的侯氏家族负责设计、施工兴建的。在该书中，关于修建辽阳东京城与沈阳盛京城的记载非常详细，原文是："余侯氏居于晋地，历来科甲。及我大清长白发祥，而创业于东土，即升于始祖时，虎公以为辽东宁卫都指挥使，特授骠骑将军。是以余曾祖振举公随任辽东，以同辅弼太祖高皇帝。兴师吊伐，以得辽阳，即建新都东京。东京于天命七年造八角殿，需用琉璃龙砖彩瓦，即命余曾祖振举公，董都其事，特授夫千总之职。后于天命九年间迁至沈阳，复创作宫殿，龙楼凤阙……又赐予壮丁六百余名……曾祖振举公竭力报效，夙夜经营其事。"这可以算是证明沈阳故宫兴建于天命九年的最为直接的证据。

根据以上三点，认为沈阳故宫的始建年代应为天命九年（1624）。

显然，传统的天命十年说与支运亭的天命九年说都有其道理，因此，关于沈阳故宫的始建年代之谜尚有待于新的档案资料的发掘，以及更为令人信服的考证。

舞蹈的前身是武术吗

舞蹈艺术，是通过人体动作美与人性美来表现人的内心世界的。它特有的艺术魅力，引起观众的情感，激发共鸣，发人深省，攻人心窍，通过暗示揭示人的内心世界。作为这样一种高尚的艺术究竟是如何发展来的？作为世界的舞蹈艺术且不说，我国舞蹈的前身是什么？有人说，群众是第一个舞蹈家，劳动是舞蹈的前身；也有的说，我国舞蹈的前身是武术。也有的说我国舞蹈前身是巫术。这三种说法，各据其理、各圆其说。

说劳动群众是第一个舞蹈家，劳动是舞蹈的前身的人，为数最多。费秉勋编撰的《古代舞蹈史话》就直截了当地指出"群众是第一个舞蹈家"并以此为小标题加以专论，当然他所论的"群众"是指劳动群众，非巫师、剑师之流。他说"因为群众从事着丰富的生产实践活动"，所以"劳动产生舞蹈"。并"不断地给舞蹈宝库中增添着新形式和新内容。宫廷舞蹈和专业舞蹈家的表演，大都是吸收民间舞蹈，对它加工、改造、提炼而成的。如果没有民间舞蹈的启发和推动，专业舞蹈家也无所作为，这在舞蹈史上，有着充分的事实"。费秉勋所列举的事实当然是很有说服力的，读之，谁也不会否认中国舞蹈是劳动群众在劳动中产生的。

但也有"中国舞蹈前身是巫术"一说。坚持这种说法者，所持的论据是春秋战国时期流行于民间的"傩舞"。这种舞是民间巫师跳的。据说有一回，孔子极其认真地品赏了这种驱邪的傩舞。"他穿着朝服恭恭敬敬地立着观看。"中国的第一个舞剧也是法师跳的。《西京杂记》中记载了西汉时代陕西关中老百姓创作并表演的《东海黄公》就可以证明这一点。《东海黄公》的情节是这样的：东海有个叫黄公的人，年轻时候能作法术，降服猛虎和毒蛇。作法时用绛色绸带绑着头发、佩带赤金刀，能吞云吐雾。到年岁大了以后，精力不济，加上饮酒过度，作法失败，不但未能制服老虎，反而被老虎咬死。这舞剧先是由关中的老百姓根据这件事创作的，后来被汉武帝吸收到宫中，成为角抵戏，经常在当时的皇家俱乐部表演。《西京杂记》的原文是"三辅人俗用以为戏"，所谓"三辅人俗用以为戏"，就是关中老百姓根据黄公的施法事迹编成节目演出。在这以前中周舞蹈尚无表演故事情节，所以《东海黄公》是中国舞剧的发端之作。尽管如此，但是法师黄公之施法"舞蹈"才真正是中国舞蹈的前身。

一说中国舞蹈的前身是武术。武术，就其广义来说，原始社会的狩猎和部落之间的械斗即为武术的起源。武术训练形成"套路"之后，武术就成为表演技艺供人欣赏。古代武术家在武术教育过程中，将各种技击动作和兵器的使用，编成一套一套的动作组合，以便于教授与学习；这样，脱离了敌我双方对打形成，就变成了单方面的表演技艺，成为中国舞蹈的前身。舜的时候，有《干戚舞》，干是盾牌，戚是斧头，拿着盾牌，举着斧头跳舞。这很形象地说明中国舞蹈同武术的渊源关系。殷代，形成"套路"之后的武术开始演变为乐舞。甲骨文字中有一个"戒"字，字形象两手（另一体作单手）持戈。周代的周公旦是一位善于保护、整理和发展传统和异国文化的人。他根据《干戚舞》和殷代《戒舞》一类作品，结合他那一时代的斗争生活，创作了奴隶社会中最著名的大型舞蹈《大武舞》。这个舞蹈的表演者手执干戚表演。舞蹈共分六场：第一场表现武王出征；第二场表现推翻纣王的残暴统治；第三场向南方进军，扫灭殷族残余势力及其军事同盟；第四场为欢庆胜利；第五场班师回朝，祭把祀先。第六场武王视察各地、巩固政权。由此可见，今天之中国舞蹈是古代"武术表演"的基础上发展过来的。

研究中国舞蹈的渊源关系对于发展我国之舞蹈艺术关系重大。到底中国舞蹈之"源"出自何方？还有待我们进一步去考证。

"二黄"究竟是什么意思

"二黄"是京剧的主要腔调之一。较早地记载"二黄"一词的,是1784年刻印的李调元的《剧话》:"胡琴腔起于江右,今世盛传其音,专以胡琴为节奏……又名二簧腔。"江右通常指今江西省。1795年刊印的李斗所著《扬州画舫录》曰:"安庆有以二簧调来者。"这句话比较含糊,只说子安徽有二簧班到扬州演出,没有说清楚二簧调是产生于安徽,还是由江西或别的什么地方传入安徽,再由安徽流布出去。而且这里的"二黄"是加竹字头的"簧"字,和后世习用的"二黄"写法不同,李调元和李斗也都没有说出它的字面含义是什么。

道光年间,杨静亭《都门纪略》等书中开始出现了不带竹字头的"二黄",并解释"二黄"的意思是湖北省两个县的合称:"二黄调始于湖北黄陂、黄冈,故曰二黄。"这就是通常所谓的二黄源于湖北说。不过,这些书里没有充分说明他们的立论根据。徐珂的《清稗类抄》更是简单地指出"不知者于黄上加竹为簧,实误"。于是,二黄调究竟发源于何地以及这一腔调的正确名称应该如何书写,就成了戏曲声腔史研究中至今争鸣不休之谜。

"二黄"为湖北二县之说,曾为国内外一些早期的戏曲史家所接受。如吴梅有"黄冈俗讴,风靡天下"之说。日本青木正儿《中国近世戏曲史》亦云:"二黄兴于湖北黄冈黄陂,传到安徽益盛。"但此说由于佐证不够,后来逐渐为人们所怀疑。

范紫东所著《乐学通论》则认为二黄发源于陕西,和唐代梨园音乐有渊源关系。据称,梨园乐人大别有两类风格:一类慷慨激越,其曲之发展是为秦腔;一类以黄幡绰为代表,吸收了俗称黄冠体的道家音乐,形成和平婉转之曲。因其首创人姓黄,又包含了黄冠体的成分,所以称作"二黄"。故范

165

氏曰："梨园为二黄策源之地，开元天宝为二黄发祥之时，黄幡绰康昆仑为二黄的创始人。"此说在陕西有一定影响，研究者还认为二黄是由陕西南部沿汉水传入湖北，再与安徽的曲调相结合。但是，从唐代到清初，在这漫长的岁月中，二黄发展的中间轨迹必须进一步理得十分明白，此说才能获得完全服人的力量。

另一些戏曲史家则认为"二黄"的写法是正确的，是这一腔调的本义，而"二簧"只是一种异写。谐音为"宜黄"固不足信，而仅仅从"二黄"的字面意义，解释为黄冈、黄陂或黄幡绰、黄冠体更不免有附会之嫌。据马彦祥考评，1790年前北京已有京腔（弋阳腔传入北京后的变异）和西秦腔；这一年高朗亭率三庆徽班进京，不久就包容了京秦二腔，"徽班"之名已不能反映其特点，于是将徽调中最有特色的主要腔调拨子改称为"二黄"，以与其他二腔相区别。至于"二黄"之名，马氏认为得自乐器，指伴奏之海笛和唢呐有两个簧片。演化为如今日之胡琴托腔则是后来的事。《中国大百科全书·戏曲曲艺卷》凡提及二黄之处，已一律使用"簧"字。可是，若《曲话》有其可信性，则李调元时代已有"二黄"一词，它并非高朗亭首创；且其时已"以胡琴为节奏"，胡琴托腔也不是后来的事情。这些，是此二说之间存在的极大矛盾。孰是孰非，看来还需进一步考证。

清明扫墓渊源何在

中国人讲究慎终追远，与此观念相适应的有关祭祀活动曾多的不胜枚举；随着历史的推移，这类活动现已大多式微，唯有清明时节的扫墓，传承至今依旧不衰，因而被民俗学家视为生命力最强的民俗事象之一。

一般观点多认为清明扫墓的习俗是承袭寒食节的传统，"唐朝以前扫墓，都在寒食节期间。将清明与寒食节相混淆，大约起自唐朝；将寒食扫墓混淆为清明扫墓，大约也只是从唐朝才开始"。

那么寒食扫墓的习俗又是从何时开始的呢？这又是一个自宋代以来就争论不休的问题。

宋人欧阳修说："五代礼坏，寒食野祭而焚纸钱。"（清赵翼《陔余丛考》卷三十）换句话讲就是寒食扫墓的习俗是从五代才开始的，而且这是礼制废弛的结果。

其后有人指出，寒食扫墓的习俗至少在中唐时已经流行，根据是宪宗元和七年（812）诏："常参官寒食拜墓，在畿内者听假日往还，他州府奏取进止。"再往后，又有人注意到《旧唐书·玄宗本纪》里"寒食上墓，宜编入五礼，永为恒式"的记载，便以寒食扫墓始于盛唐玄宗时作为定论，如《湖广志书》称："墓祭，士庶不令庙祭，宜许上墓，自唐明皇始。"这一结论影响很大，不少介绍清明扫墓的著述都予以沿袭。

有人从《唐会要》卷二十三《寒食拜埽》里查出唐玄宗开元二十年（732）"宜许上墓"诏令的原文："寒食上墓，礼经无文，近世相传，浸以成俗。士庶有不合庙享，何以用展孝思？宜许上墓……仍编入礼典，永为常式。"由此可见，这道诏令只是运用法令的形式，对已在民间流行的寒食上墓风俗给予认可，而非该习俗的起源。

民间传说中寒食扫墓的源头，则有两说。一说三国时诸葛亮治蜀，深得人心，但去世后朝廷却没有为他盖庙，于是百姓在寒食期间于田野道路上拜祭。其后朝廷自省措置不当，正式附祭诸葛亮于先祖（刘备）庙，但寒食野祭的风俗已经形成，并演变为各人祭扫先人坟墓；另一说称寒食扫墓的习俗与寒食节同时形成于春秋时期，都因纪念隐士介子推而起。

还有人认为，寒食扫墓来源于上古先民在春分时祭祀高禖的习俗。高禖即高母，在人们只认其母不认其父的原始社会，高母就是祖先。祀高禖就是祀祖先。而寒食节的原本节期就在农历二月下半月，在时间上与古时祀高禖的时节是一致的，所以唐玄宗立寒食为祀祖节。后世寒食节缩减成二月的最后三天或两天，或者直接与清明节结合在一起，所以寒食扫墓也就成为清明扫墓了。

更有人作"釜底抽薪"之论：不仅寒食扫墓不自唐玄宗始，连清明扫墓亦非从寒食节俗转化而来。据《唐会要》卷二十一《缘陵礼物》载，永徽二年（651），有关部门向高宗奏呈：先帝（即唐太宗）在世时，逢"朔、望、冬至、夏至、伏、腊、清明、社（日）"向献陵（即唐高祖墓）"上食"，现在先帝的丧期已结束，陛下也宜循行故例。高宗"从之"。可见李唐皇家清明墓祭的制度自唐太宗时就已确立。再往前溯，又可发现这一礼制在汉代就已形成，唐章怀太子注《后汉书》时，便引用了应劭的《汉官仪》："秦始皇起寝于墓侧，汉因而不改，诸陵寝皆以晦、望、二十四气、三伏、社、腊及四时上饭其亲。"应劭所谓"二十四气"，自当包括清明在内。因为早在《淮南子》及纬书《易通卦验》、《孝经援神契》这些汉代的著录中，二十四气就已经跟现今的二十四节气完全一致了。

那么，汉代的清明墓祭又是因袭什么传统呢？"二十四气"皆有墓祭又是如何改变成唐初的"唯朔、望、冬至、夏至、伏、腊、清明、社上食"的呢。李唐的清明墓祭与已经流行于民间的寒食上坟是并行不悖各有所本，还是同源殊流而最终合一呢？看来，不把这些问题——辨析清楚，是无法彻底揭示清明扫墓之由来这个谜底的。

新娘为何被抱上花轿

在西方影视作品中，经常可以见到新郎把新娘从送亲马车或轿车上抱进新房里的画面。而在中国汉族的传统婚姻习俗中，恰恰相反：新娘出嫁时，要由哥哥抱上或背上花轿。类似的现象，也存在于一些少数民族的婚俗中。例如在蒙古草原东部的喀剌沁旗与科尔沁部，"清晨，送亲的时辰一到，新娘被叔父或兄长用毡子抬上彩车"（王迅等《蒙古族风俗志》（上），中央民族学院出版社，1990）。

这种习俗有什么讲究？

有人认为此乃母权制向父权制过渡时的产物：在母系氏族社会里，已婚妇女同配偶之间仅是一种性伙伴关系，尽管两厢自愿，但夜合日离，各自依然从母系家族居住，彼此间也没有独立的经济基础。以继承私有财产为特征的父权制出现后，已婚女子因历史传统使然，继续维持"从母居制"，甚至保留群婚习惯，这就迫使丈夫采用种种手段"在传统的范围内打破传统"（马克思《摩尔根<古代社会>一书摘要》），确立"从夫居制"，由此保证子嗣血统的纯正和财产关系的稳固。在这些手段中，包括了已非原始意义上的"抢婚"行为，即用某种公认的形式，把事实上已经建立配偶关系的女子强娶回家。在这场女子留恋母权制而男子要确立父权制的斗争中，女方的兄长出于自身利益的考虑，通常持配合男方的态度。直到适应父权制的女"嫁"夫家的婚姻形式稳定之后，历史的风俗依然有所残存，新娘"哭嫁"，并由兄长硬背着送上花轿，就是这种残存风俗的表现形式之一。

也有人认为，兄长背新娘上轿象征着郎舅权威的确立，其源头也可追溯到母系氏族社会。在普遍实行"从母居制"婚姻形式的情况下，郎舅等母系亲属对处置和保障姊妹、外甥的生活事务和权益方面都负有特殊的责任，因而拥有特殊的权威。进入父权制社会后，尽管血缘关系的延续和财产的继承等，均已按父系来进行，但郎舅作为母系亲属的代表，仍旧对维护姊妹和外甥在夫家的权益享有一定权威，习惯法谓之"舅权"。所以，传统婚俗中，新娘要由兄长背上花轿，其道理就同新娘要由兄长送亲，并在男家被尊为上宾一样，都是为了以这些象征性的动作，使郎舅权威得以确立，并获得婚姻当事人与社会的认可。有的新娘没有兄长，便由舅舅背上花轿，其缘故亦在于此。

还有人认为，新娘由兄长或舅舅背上花轿，其实是土地崇拜观念的反映，甚至有一个民间故事为证：很久以前，有一位刘老汉，生了五男二女。他趁风调雨顺、年成不错之际，头年为长子娶亲，来年送次女出嫁。谁料从此家境衰落下来。后有人告之："土能生万物，地可长黄金。你家姑娘出嫁时，带走了地里的财气，所以旺了夫家，损了娘家。俗话说'娶媳满堂红，嫁女一场空'，其奥秘就在这里。"刘老汉恍然大悟，待下一年再嫁三女时，特意关照儿子把妹妹背上迎亲花轿，使她脚不沾地地被抬走，以此保住自家地里的"财气"。后来邻居们纷纷仿效，逐渐形成流传各地的送嫁风气。有些地方唯此犹嫌不足，还特地备一双新鞋，待新娘被背上轿子后，再用这双从没落过地的鞋子，把她脚上的鞋子换下，以此确保万无一失。再往后，亦有许多地区就用"上轿换鞋"来取代"郎舅背轿"，因为这要省事得多，而同样可以保住娘家土地里的"财气"。

以上各种观点，虽都言之成理，但都缺乏可靠的文字记载资料来印证。可以说，新娘出嫁为何要被背上轿子，至今仍旧是一个难解之谜。

《黄帝内经》成书于何时

《黄帝内经》作为中国古代成书最早、影响最深远的一部中医宝典，一向为中医研究者所瞩目。这部书以其丰富的内容，总结了古代中国人对于人体科学的认识，也奠定了中医学的理论体系，可以说，独具特色的中医理论的渊源就在这里，两千年来的医家学者无不从中受益。正因为这一点，这部书被尊称为"经"。然而令人遗憾的是，时至今日，这部书的成书年代仍然未能确定。

从《黄帝内经》的名字及其内容中黄帝和岐伯等的对话来看，这部书和黄帝有一定的关系。古人对于《黄帝内经》的成书年代问题，主要有以下三种看法。

一、成书于先秦、战国之时。持这种观点的代表人有宋代的邵雍，明代桑悦、方以智，清代魏荔彤等。邵雍在《皇极经世》卷八《心学第一、二》中以为《素问》是"七国时书也"、"轩岐之书，类春秋，战国所为而托于上古。"

二、成书于虞国、秦汉之间。持这种观点的人有宋代的程颢、司马光等。他们认为"黄帝亦治天下，岂可终日坐明堂，但与岐伯论医药针灸邪？此周、汉之间，医者依托以取重耳。"到清代《四库全书简明目录》，进一步肯定了这一说法。书中说《素问》"出上古，固未必然，然亦必周秦间人，传述旧闻，著之竹帛。"因为《四库全书》在中国古代学术界有相当高的地位，这种说法也就被许多人所接受。

三、成书于西汉时期。明代郎玻所著的《七修类稿》认为《素问》"首篇曰上古、中古，而曰今世，则黄帝时末世邪？又曰以酒为浆，以妄为常，由仪狄是生其前面彼时人已皆伪邪？《脉要精微论》中罗裹雄黄，《禁服篇》中欲血而受,则罗与欲血皆汉时事邪?予故以为岐黄问答,而淮南文成之者耳。"在这里,朗玻从夏禹时仪狄造酒的传说和"罗"出现于汉代等证据推断《素问》产生于西汉时期。

对于《黄帝内经》成书年代,古人的看法主要就有这些,然而研究并没有到此结束,当代对这个问题的研究成果也不少。他们通过对《内经》和《周礼》及《史记·扁鹊仓公传》的对比,说明三者在学术思想上的一致性,并通过对《素问》文学结构的分析,说明这一部分出自于先秦而不可能迟于扁鹊。并通过分析前人的成说和大论的内容,认定这一部分内容出自于战国至东汉之间,而且经过多数医家汇集而成。至于《灵枢》,作者先通过对其书的真伪的分析,判定《灵枢》与《针经》实即一书,而后又得出结论:"《灵枢》和《素问》一样,基本上是成书于战国时代,只是个别的篇卷,掺入了汉代的东西,因而它亦并不是成于某一人之手。"至于《素问遗篇》,则属伪书,其时代不出于唐宋之间。

还有人认为《黄帝内经》所包含的篇章,并不是由一个作者在一个短时间内同时完成,而是由许多医家和学者写成于不同时期。《内经》中的篇章既有写成于战国时期,又有成于秦、汉甚至更后。究其论据有五:其一,《素问》的有些篇章用干支来表示时间,而采用干支纪年是东汉以后的事;其二,《素问·宝命全形论》中用的"黔首"一词,是战国及秦代对国民的称呼,而《素问·灵兰秘典论》中的"相傅之官"和"州都之官"则是曹魏时期出现的官名;其三,《黄帝内经》中引用的一些文献,如《上下经》、《睽度》等是战国甚至更早的著作;其四,与1973年长沙马王堆的帛书《足臂十一脉灸经》、1972年甘肃武威汉墓出土的医药简牍、1977年安徽阜阳双古堆西汉汝阴侯墓出土的"六壬斌盘"和"太乙九宫占盘"相比较,可知《灵枢》中有些篇章成书于春秋战国时,有些成书于西汉更早;其五,先秦文体多韵语,而《黄帝内经》中一些篇章亦有不少韵语,这些章节可能是先秦时期的作品。

现在,《黄帝内经》非一人一时所作,这一点已有不少人予以肯定。至于要确定具体的成书年代,就现在来看远非易事。

清末"垂帘听政"之谜

一提起慈禧太后,人们便很自然地联想到"垂帘听政",眼前浮现出一个老太婆隔着一层薄薄的纱帘,指手画脚定夺朝事,而年幼的小皇帝则象征性地坐在前面御座上唯唯诺诺的情形。"垂帘听政"究竟是怎样一种制度?

所谓"垂帘听政",指封建时代太后或皇后临朝听政,因殿上用帘子遮隔,故称"垂帘听政"。其中,慈禧太后垂帘听政则是其中的最典型代表,由于它打乱了正常的理政程序,驾驭群臣而不能各展其能,政柄落入阴鸷、褊狭、完全不具备政治才能的慈禧手中,终于埋下了祸根,导致清王朝覆灭,并使中华民族遭受外来侵略,蒙受了极大的屈辱,所以一直为人们深恶痛绝。的确,慈禧太后垂帘听政时期,也正是中国王朝政治最黑暗、最落后、最不文明、倒行逆施的时期,其中的必然性联系值得人们去深刻认识。

中国封建王朝各代统治者最忌讳的有两大弊害:一是后宫干政(包括串通外戚篡权);一是太监擅权。清末虽然出过几个大太监,如安德海、李莲英、小德张等,仗势欺人,权大无比,但对朝政的影响却很小,不存在太监擅权的现象。而太后干政却达到登峰造极的地步,不仅程度空前绝后,而且时间长达二十七年,影响了整个清末政治,也直接影响了中国的历史进程,这是有其特殊原因的。

公元1861年,咸丰皇帝去世时,六岁的独子载淳嗣位。咸丰生前对载淳的生母懿贵妃(后来的慈禧太后)颇为信赖,据说当时恭亲王奕䜣和御前大臣肃顺两派矛盾非常激烈,咸丰避居的热河危机四伏,他曾对懿贵妃说:你带着载淳赶快走吧!似有将身后事交付懿贵妃和载淳之意。但他也看出懿贵妃野心勃勃,而且擅长阴谋权术,恐其日后干预朝政,胡作非为,乃于临终前任命怡亲王载垣、郑亲王端华、御前大臣肃顺等八大臣辅政,限制懿贵妃，并交给皇后钮祜禄氏（慈安太后）一份密诏，只要懿贵妃胆敢恃宠专权就随时制裁她。同时将自己的"同道堂"、"御赏"两方玺分别赐予载淳及皇后，以二玺代替朱笔，辅政大臣所拟上谕必须加盖这两方印章才能奏效，以此对辅政大臣进行牵制。本来咸丰这样布置，使得他死后各方互相牵制，就不会出现慈禧太后垂帘听政的专权局面，但由于恭亲王奕䜣与肃顺两派的矛盾和斗争，加上同治皇帝年幼懵懂，将"同道堂"印交到其母慈禧太后手中，使她竟得以专权。奕䜣原本就有机会与咸丰一争皇位，现在又两手空空无权，内心妒恨，于是便联合慈禧太后发动"祺祥之变"（又称辛酉政变），将肃顺一派或斩首抄家，或解职戍边，彻底瓦解。奕䜣以为借太后之手先除去政敌，再回头对付一个妇人容易，哪想到慈禧不是个省油的灯，后来奕䜣反受制于慈禧，毫无作为。

历史上清太宗皇太极崩逝于关外时，福临（后来的顺治皇帝）也只有六岁，由睿亲王多尔衮等人辅政；世祖去世后，玄烨（后来的康熙皇帝）刚满八岁，由贵族鳌拜等人辅政。根据祖制家法前例，不可能由太后出面听政的，正是因为奕䜣与肃顺两派的权力之争，才造成了太后听政直至后来的太皇太后听政的局面。

在故宫养心殿的东暖阁里，正中是皇帝的御座，其后则是两位太后的御座，座长约两米，宽一米，上铺黄缎褥子，慈禧在北，慈安在南，两人面西而坐。座前挂一八扇黄屏纱帘，被召见的大臣始终隔着幔帐，只能听见两位太后的声音而不见其人。清朝典制规定，皇后、妃嫔等不能随便面见外人，即使皇后生日时接受朝臣祝贺，也决不会面对面相见。临朝听政时必须见群臣，但也须遵守内外有别的规定，所以垂帘遮蔽。

垂帘之初，慈禧太后先是与慈安太后两宫共同听政，一切政务都由两宫太后裁决，以皇帝的名义发出上谕。但因为慈安太后性格软弱，又不喜欢管理政事，于是等于由慈禧一人把持朝政。她下令连杀桂清和胜保两位声势显赫的文武大臣，又革去奕䜣的议政王之职，树立了两宫的绝对权威。公元1873年，载淳成年，慈禧被迫撤帘归政。但同治皇帝亲政不到两年就病死了，慈禧又玩弄手法，精心设计，择立年仅三岁的亲侄儿载湉入继皇统，又再次垂帘听政。1881年慈安皇太后暴卒，只剩慈禧一人垂帘听政。光绪成年亲政后，因支持戊戌变法而遭慈禧等顽固派的忌恨，遂发动政变解除了光绪帝的皇权，慈禧再次临朝十年，美其名曰"慈恩训政"，直至去世。慈禧通过垂帘听政，操纵同治、光绪两朝皇帝，掌握清朝朝政长达四十八年之久，是晚清政治中妇人干政到了极致的体现。

然而，垂帘听政并不是从慈禧才开始的，历史上有影响的太后垂帘听政应该始于汉初吕后。刘邦死后，由于惠帝年幼孱弱，吕后先是垂帘听政，后来干脆自己临朝称制，前后共执掌朝政十五年。在她执政期间，残害刘氏后代，打击开国功臣，甚至公然违背刘邦定下的"非刘氏而王，天下共击之"的规约，大封吕氏宗亲，弄得汉初政治一片混乱，史称"女乱"。

另一个垂帘听政的著名人物就是武则天。为了争夺皇权，武则天先后杀死两个亲生儿子，没等高宗死去，她就迫不及待地干预朝政了。《旧唐书·高宗纪下》记载："上（唐高宗）每视朝，天后（武则天）垂帘于御座后，政事大小，皆与闻之。"高宗病逝后，留下遗诏让李显继承帝位，就是唐中宗，由武则天垂帘听政。但不久武则天便废了中宗，将他贬为庐陵王，另立豫王李旦为帝（即唐睿宗），而政事全由武则天独断，她大封武氏亲戚，朝堂之上尽是她的心腹。经过几年的垂帘听政，等到一切尽在掌握之中以后，武则天又将李旦降为皇嗣，自己亲自临朝，设立武氏七庙并追封武家祖宗。而根据《礼记·王制》规定，古代的宗庙制度中只有帝王才能享有七庙，即"天子七庙"。最后，武则天由垂帘听政到窃国自居，自己当女皇帝，还改了国号，彻底篡取了李家天下。

由此可见，历史上垂帘听政的妇人尽是以篡权为目的的，虽然其中有的人客观上掌权后也有一些成就，但总的来说，垂帘听政给历史发展带来的危害相当巨大。

慈禧太后的生活奢侈无度，她在饮食方面也超过历代皇帝，每年光膳食一项的花费就高达好几万两银子。根据记载，慈禧每顿正餐共有一百二十八道菜式，最多时摆满六张桌子。

175

慈禧太后日常膳食之谜

慈禧太后不光贪权揽政，而且在生活上也极尽奢侈。在吃的方面，慈禧太后每餐必有上百道佳肴，摆在餐桌上供其"吃一看二观三"是出了名的。

负责慈禧膳食的不同于皇帝的御膳房，而是由专门为她而设的"西膳房"烹饪制作的，为了讨慈禧的开心，西膳房也称作"寿膳房"。西膳房先后为慈禧烹制的菜肴超过四千种，制作的点心也在四百种以上。每天用早膳之前，慈禧先要服食一银匙珍珠粉，为的是美容养颜，接着喝一小碗冰糖银耳，然后才入座。早膳慈禧一般在寝宫的炕桌上进食，在炕桌旁边接个膳几遍成餐桌，由身边的近侍太监服侍坐定后，侍膳太监站在桌旁，宠监李莲英站在门里，另一名亲信御前太监崔玉贵站在门外。送膳太监们一个个排着队，将用黄云缎棉包袱包裹的膳盒经崔玉贵、李莲英之手传至膳桌。全部摆好后，侍膳太监向慈禧报告一声"膳齐"。按照规定，侍膳太监要当着慈禧太后的面打开膳盒，先看盒中的银制防毒牌有没有变色，再由侍膳太监每样亲口尝一点，以防止饭菜中有毒。晚年的慈禧住在宁寿宫内的乐寿堂，有时让光绪皇帝陪着一同进早餐，餐桌南北向摆放，慈禧坐餐桌西头，光绪则坐西头北侧。有时皇后或妃嫔在的时候，慈禧会说："你们也在这儿吃得啦。"后妃们就赶紧磕头谢恩，站在桌子旁边陪慈禧一起吃。

慈禧的用膳比皇帝要考究得多，可以说超过历代皇帝。即使是相对简单的早餐，也不下十几种粥，如八珍粥、八宝莲子粥、鸡丝粥、果粥、江南香糯米粥、玉田红稻米粥、薏仁米粥、红小米粥、黑豆粥等，配以各种南北名点，如鸡丝饼、萝卜丝饼、酥烧饼、马蹄烧饼、麻酱烧饼、糖饼、锅饼、清油饼、糖包、焦圈等，还有清真炸馓子等。菜则除了酱菜、海菜、肉制品之外，还有几十种小菜，加在一起总不下上百种。一顿早餐尚且如此考究奢华，正餐更不用说了。根据记载，慈禧太后每顿正餐的菜式共有一百二十八道，这些菜肴的原材料都是从全国各地进贡的，如渤海的大对虾、黄河的鲤鱼、镇江的鱼精、阳澄湖的大闸蟹、南海的鱼翅、海南岛的燕窝、东北的熊掌、山东的鲍鱼等，可谓搜尽天下美味珍馐。

末代皇帝溥仪的弟弟溥杰曾整理过一份慈禧的膳单。这份膳单包括：火锅二品，为八宝奶猪火锅、酱炖羊肉火锅；碗菜四品，为燕窝万字金银鸭子、燕窝寿字五柳鸡丝、燕窝无字白鸭丝、燕窝疆字口蘑鸭汤；碟菜六品，为燕窝炒炉鸡丝、密制酱肉、大炒肉焖玉兰片、肉丝炒鸡蛋、溜鸡蛋、口蘑炒鸡片；片菜二品，为挂炉鸭、挂炒鸭；饽饽四品，为白糖油糕寿意、立桃寿意、苜蓿糕寿意、百寿糕；小吃一桌，为猪肉、羊肉各四盘，蒸食及炉食各四盘。

△ 慈禧太后

慈禧每顿正餐使用三张餐桌，一百二十八道菜式摆满三张餐桌，最靠近她身边的是些最时鲜的东西，另外的只不过为了让她过过目、撑撑台面而已，这便是所谓的"吃一看二观三"，其中有的可能慈禧连筷子碰都不碰就撤掉的。吃的时候除了摆膳的太监站立两边外，还有四名太监侍立在身后。慈禧用眼睛朝菜碗菜盘瞥上一眼，侍膳太监便心领神会，知道她想吃哪道菜，立即将其朝慈禧身边移一移。

照理清廷对于皇帝、皇太后等人的膳食是非常保密的，绝不能透露皇帝、皇太后爱吃什么菜，不过，人们还是了找到一些关于慈禧太后的膳食喜好。慈禧太后喜欢吃口味较清淡的菜，可能是因为她平时比较注意身体保

177

养，不过进入中年之后，她的口味略微有些变化，偏好吃甜食了，如"肉末烧饼"、豌豆制成的各种小点心、寓意长寿的桃形馒头、玉米粉制的蒸饼、紫菜卷饭团、煎饼、烧卖、糖炒栗子、红心地瓜干等。此外，人参鸭、烤乳猪（只吃皮）、"樱桃肉"、蜜汁羊肉等也是她爱吃的。说起这"肉末烧饼"，还有一则传说。某日，慈禧梦见自己吃着夹肉末的烧饼，味道颇好。一觉醒来，进早膳时，果然有一盘肉末烧饼。慈禧见与梦中景象相合，不禁心中大喜，以为吉兆，便传做烧饼的御厨至殿前，当即赐银二十两并蓝翎一顶，他因此成为清官中唯一一个有品级的"顶戴厨师"。为了养颜，慈禧每天还要吃四次燕窝炖品。据记载，公元1884年十月初七这天，慈禧的膳单中共有七道使用燕窝制作的燕菜。中年以后的慈禧身体有些发福，也许跟她的膳食习惯改变有关系。

慈禧吃东西非常挑剔，吃鱼只爱吃鲟鱼，因为鲟鱼骨软，没有细刺。米一定要吃京西稻米，是天津一带进贡的上等米，每年只收成一次，质地软滑而洁白。吃玉米面、豆面做的窝头，必须配上蜂蜜。夏天慈禧喜欢吃西瓜，但她只吃西瓜中心最甜的一小块，其余都扔掉了，所以，据说她每天要吃掉三百五十个西瓜！盛放饭菜的餐具更是金碧辉煌，她使用的筷子有金制和玉制的，金碗上刻着精致的龙纹或双喜字样，酒杯、盆、碟也多有金制的。

如今，位于北京北海公园内的仿膳饭庄和颐和园内万寿山西部的听鹂馆饭庄（原先是慈禧太后听戏听音乐的地方）专供清朝宫廷料理，其中有不少佳肴据说就是仿照慈禧的膳单制作的。"昔日王谢堂前燕，飞入寻常百姓家。"在那里，人们还能大致领略当年慈禧太后所享用的部分美食。

明代妃嫔殉葬之谜

殉葬是一种古老的风俗。古人迷信，认为人死后还会同生前一样生活，因而人死后，将其生前用过的物品一同从葬。在原始社会时，人们还只是将日常生活中使用过的工具、武器、日用品等与死者埋在一起，但到了奴隶社会，奴隶主视妻妾、奴隶等为私有物品，于是便将自己的妻妾、亲信以及大量奴隶一同陪葬，甚至残酷地将奴隶活活杀死来祭祀死人，以便供其在阴间继续奴役。商周时代，人殉人祭非常盛行，人殉就是用活人殉葬，人祭就是将活人杀死用以祭祀死者。

春秋战国时期殉葬的事情也不乏见。公元前621年，秦穆公死时，竟用了一百七十多人殉葬，除了奴隶外，还有远近闻名的秦国"三良"：奄息、仲行和针虎。秦国百姓为之哀恸，于是作《黄鸟》诗哀悼他们，《诗经·秦风》就收录了这首诗。由于殉葬的做法实在太不人道了，有良心的人对之无不痛恨、抨击，孟子曾经引用孔子的话说："始作俑者，其无后乎！"（见《孟子·梁惠王上》）意思是咒骂奴隶主和封建君王是"断子绝孙"之辈。荀子也毫不客气地斥责殉葬制度："杀生而送死者谓之贼！"到了西汉中期以后，尽管私下还不时出现"奴仆殉主、妻妾殉夫"的事例，但殉葬作为一种社会制度已经基本被废除。

然而，令人发指的是，这种起源于原始社会和奴隶社会的恶俗，到了明代居然又死灰复燃，明代皇室甚至公开推行殉葬制度。所以说，明代是中国封建王朝中最黑暗、最腐败、最荒淫无道的时期。明朝自开国皇帝朱元璋起，重开以妃嫔、宫女为死去皇帝殉葬的制度。据明人吕毖所撰《明朝小史》记载，朱元璋死后，"伺寝宫人尽数殉葬"，为他殉葬的伺寝妃嫔共有四十人，全部葬于南京的明孝陵，其中只有两人先于明太祖病故，其余

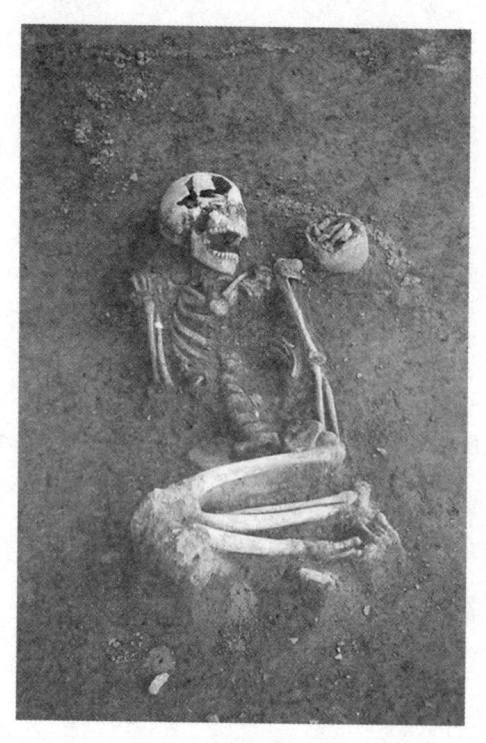

△ 明后宫残忍的妇女殉葬

三十八人都是被勒令殉葬的。朱元璋本人出身寒微，因穷苦而出家当过和尚，后来率领下层民众起义才登上皇位，却明目张胆地复活殉葬制度，实在让人百思不得其解，从中也可以看到，下层阶级的农民意识有时候是非常愚昧、非常反动的。他的第四个儿子永乐皇帝朱棣也效仿老子，死后用了十六名妃嫔（一说三十多名）殉葬。朱棣的儿子明仁宗朱高炽亦步亦趋，死后其献陵中也有五名宫妃陪葬。仁宗的儿子宣宗朱瞻基仍然子蹈父辙，在他的景陵中，共有十名宫妃被迫"殉节从葬"。宣宗的次子朱祁钰在"土木之变"英宗被瓦剌人俘去后即位为代宗（史称景帝），后英宗返回通过"夺门之变"复位，他被降为郕王，但死时仍用数名宫妃为其殉葬。还有明朝皇帝变相地逼迫妃嫔为其殉葬，如末代皇帝朱由检。公元1644年3月19日晨，李自成率领农民起义军杀入紫禁城内城，崇祯帝下诏命，后宫众妃嫔统统自缢，随后他自己也吊死在媒山（今景山），据说是为了不让后妃们遭受起义军的凌辱。

明代妃嫔殉葬大都采用缢死，其状很惨。朝鲜的《李朝实录》记述了明成祖（永乐皇帝）死时，宫中妃嫔被强令殉葬的情形。殉葬人被处死的当日，先在庭中饱餐一顿，因为饥饿之魂是不受欢迎的。席间还有人致辞劝酒，当然都是些赞颂她们"烈举"的假话虚话。宴散后，被领至一室内，主持此事的嗣皇帝明仁宗走过来，与她们诀别，堂上早已准备好了就死的道具，殉葬者顿时哭声惨绝，但已是身不由己，除了乖乖就范之外，别无生路。这时宦官逼迫她们登上小木床，眼前荡着从梁上垂下来的绳索，妃嫔们将头伸入绳套中，宦官在后面撤走小床，妃嫔们便挣扎着气绝而亡。殉葬者中有两名朝鲜进贡的美女韩氏和崔氏，韩氏曾在仁宗与她们诀别时哀求让其回国服侍老母，但遭到断然拒绝。此刻，韩氏对乳母说了句："娘，我去了！"话还未说完，脚下的小床已被宦官撤走，一命呜呼了。

为明宣宗殉葬的宫妃中，有一名宫妃名叫郭爱，进宫不到一月，宣宗就病死，她也被迫成为殉葬人。临死前她写下一首绝命辞，含血泣泪痛诉这惨无人道的制度："修短有数兮，不可较也。生而如梦兮，死则觉也。先吾亲而归兮，惭予之失孝也。心凄凄而不能已兮，是则可悼也。"真是字字血，声声泪啊。还有个别被逼迫生殉（活着被埋葬）的宫妃，则不惜花费巨资买通营墓人，让其暗中留下活命通路，等墓封人去之后，再偷偷逃出陵墓，但这样活着逃出来的妃嫔没有几个。

明代的殉葬制实行了五朝，一直到明英宗朱祁镇时才被废止。英宗临终前，命太监牛玉执笔记录下口述遗嘱四条，其中第二条是"勿以嫔御殉葬"。当草拟的遗诏交到文臣手中润色时，大学士李贤等人阅后激动而叹："停止殉葬，真是件大好事，垂名千古！"《明史·英宗本纪》赞道：废除宫妃殉葬，"此等盛事可法后事者矣"。尽管英宗一生中污点不少，如宠信和任用宦官王振，导致明朝中期宦祸兴起等，但在他复位改元之后，还是做了一些比较清明的变革，尤其是废止宫妃殉葬这一举措，使得明朝皇帝以活人殉葬的残酷制度得以结束，因而受到了后人的称赞。英宗之后，历代明朝皇帝也都一一遵循，再没有人殉葬了。

清人入关前也有殉葬的习俗，后来康熙在位时，御史朱斐上疏称"好生恶死，人之常情，捐躯轻生，非盛世所宜有"，建议彻底废除殉葬恶俗。康熙帝采纳他的意见，于公元1673年发布禁令，明令禁止八旗贵族以奴仆殉葬，清皇室率先做到了废除殉葬。从康熙起，再也没有出现殉葬现象，这一残酷的习俗终于被彻底革除了。

轮船是由谁发明的

15世纪，1405年到1433年的二十八年间，我国著名的航海学家明朝的三宝太监郑和曾经七次率众下西洋，曾经经过印度洋到达波斯湾，在当时是世界上航海最远的船队。那么他们所使用的船只应该可以说是当时世界上最先进的了。有人说轮船是中国人发明的，而且有着相当先进的技术。还有对此提出怀疑，那么轮船到底是由谁发明的？

现代不管是内河航运，还是远洋航行，主要的运行工具都是轮船。轮船是一种依靠动力装置带动螺旋桨旋转而前进的水上运输工具。轮船航行的速度和安全性能是其他水上运输工具难以企及的。有人经过研究我国古代的造船行业之后，认为中国是轮船的最早发明者。轮船在中国的主要发展历程如下：

我国古代水上运输工具主要是指车船，又称为车轮舟，最早是由南朝的祖冲之制造的不受风向、流向限制，内部设有机关，可以自己运行，并且能日行五十多里的千里船。由于对于千里船的推动装置并没有见于史载，所以一些学者便根据当时机械学的发展情况分析认为，千里船可能是由人力踏动木叶轮而前进，所以他们认为千里船是车船的始祖。然而，这之后的史书上却一直没有再现车轮舟的记载。由此可见，千里船虽然早已被发明，但并没有被广泛应用。

直到唐朝德宗（公元779～805年）时期，洪州刺史李皋才又设计制造了一种新型的战舰，这是见于史书上关于车船的最早记载。这种战舰两侧分别装置一个轮桨，士兵用脚踩踏，带动轮桨转动，使舰前进，其速度与挂帆船一样快。所以有人又认为李皋是中国第一个真正意义上的车船发明者。

宋朝时，车船真正得到了实际应用和发展。北宋主战派大臣李纲根据李

△ 车轮舟模型

皋的遗址，创造战舰数十艘。到南宋时，车船已经作为水军的新型战舰被列入编制。公元1131年，鼎州知州程昌寓命令南宋造船工匠高宣打造了8艘车船用来围剿杨幺起义军。这种战船是用人力踏车行使，船旁设置车板，因此船行速度非常之快，但是却看不见轮桨。在交战中，杨幺起义军获胜，夺得了这8艘车船，并俘获高宣。于是高宣又在起义军中对车船进行了改造。他在两个月内为杨幺起义军建造了十多种，数百只战船，其中名为"大德山"号的战船有32个轮子，名"和州载"号有24个轮子，共有三层建筑，高达10丈以上，可载1000名士兵，左、右、前、后都装有拍竿。从此，杨幺的起义军声威大震，在和南宋战舰交锋时，以轮击水，行驶如飞，在几百只官船中横冲直撞，如入无人之境。宋军水师在与杨幺的车船对战中，每战必败。直到公元1135年，岳飞用计将起义军水师诱至河沟浅水处，才将其击败。岳飞在击败杨幺后，仿照俘获的车船式样作了进一步的改造，增强了车船的战斗力，增加船的高度和宽度。公元1161年11月初，海陵王完颜亮亲自统帅40万金兵南下攻到长江北岸的和州（今安徽和县东），企图渡江，灭掉南宋。宋军只有1.8万人驻守和州对岸采石（今安徽马鞍山东）的，采石的守军将领王权丢

华夏五千年历史解密

△ 郑和宝船模型

弃军队，望风而逃，军中无主帅，士心涣散。恰巧到采石犒师的虞允文力排众议，自任主帅，率领宋军抗金。他命令名为"海鳅"号的车船出击，与金军的车船猛撞。宋方的车船机动性强，轻便灵巧，金军的战船，笨重难移，所被宋军车船撞沉一半以上。接着虞允文又采用夹击战术进攻金军，烧毁金兵战船300多只，金兵大败，退回扬州。不久，金兵发生内乱，海陵王完颜亮被杀死，金兵退回北方，停止进攻南宋。

由上可见，车船的速度很快，但它仍需要许多人不断踩踏才能航行，所以说会花费很多人力。因此，只能作为军用船只。直到公元1179年，在江西出现了一种新在当地被称为"马船"的车船，这种船上装有女墙、轮桨，可以拆卸，平时可以作为渡船使用，运送物资，战时则可以改装为战船，参与作战。元朝时，蒙古军队曾经使用这种船只登陆日本岛作战。到了明朝，则有郑和率大队人马下西洋。

许多专家认为，中国古代发明的车船给现代轮船的发展奠定了基础，体现了中国古代人民的创造才能。但也有人认为车船只能算作轮船的始祖，因为车船和轮船的动力装置本身就是截然不同的：一个主要是依靠人力；另一个则是依靠蒸汽动力。所以说，轮船是不是中国人最早发明的，主要看评定标准是什么，如果不以动力装置为标准，那么，也可以说，轮船是由中国南北朝时期的科学家祖冲之发明的。但是如果以动力装置为评判标准，那么就是美国人富尔敦发明的。